LA

QUESTION ARMÉNIENNE

ET LES

ÉVÉNEMENTS D'ORIENT

PAR

Louis SELOSSE

BATONNIER DE L'ORDRE DES AVOCATS
PROFESSEUR DE DROIT INTERNATIONAL A LA FACULTÉ DE LILLE

(Extrait de la Revue de Lille, année 1897).

SUEUR-CHARRUEY

IMPRIMEUR-LIBRAIRE-ÉDITEUR

ARRAS
10, rue des Balances

PARIS
rue de Rennes, 88

LA
QUESTION ARMÉNIENNE

ET LES

ÉVÉNEMENTS D'ORIENT

PAR

Louis SELOSSE

BATONNIER DE L'ORDRE DES AVOCATS
PROFESSEUR DE DROIT INTERNATIONAL A LA FACULTÉ DE LILLE

———————

(Extrait de la Revue de Lille, *année 1897).*

- - - ❦ - - -

SUEUR-CHARRUEY

IMPRIMEUR·LIBRAIRE·ÉDITEUR

ARRAS ‖ PARIS
10, rue des Balances ‖ rue de Rennes, 88

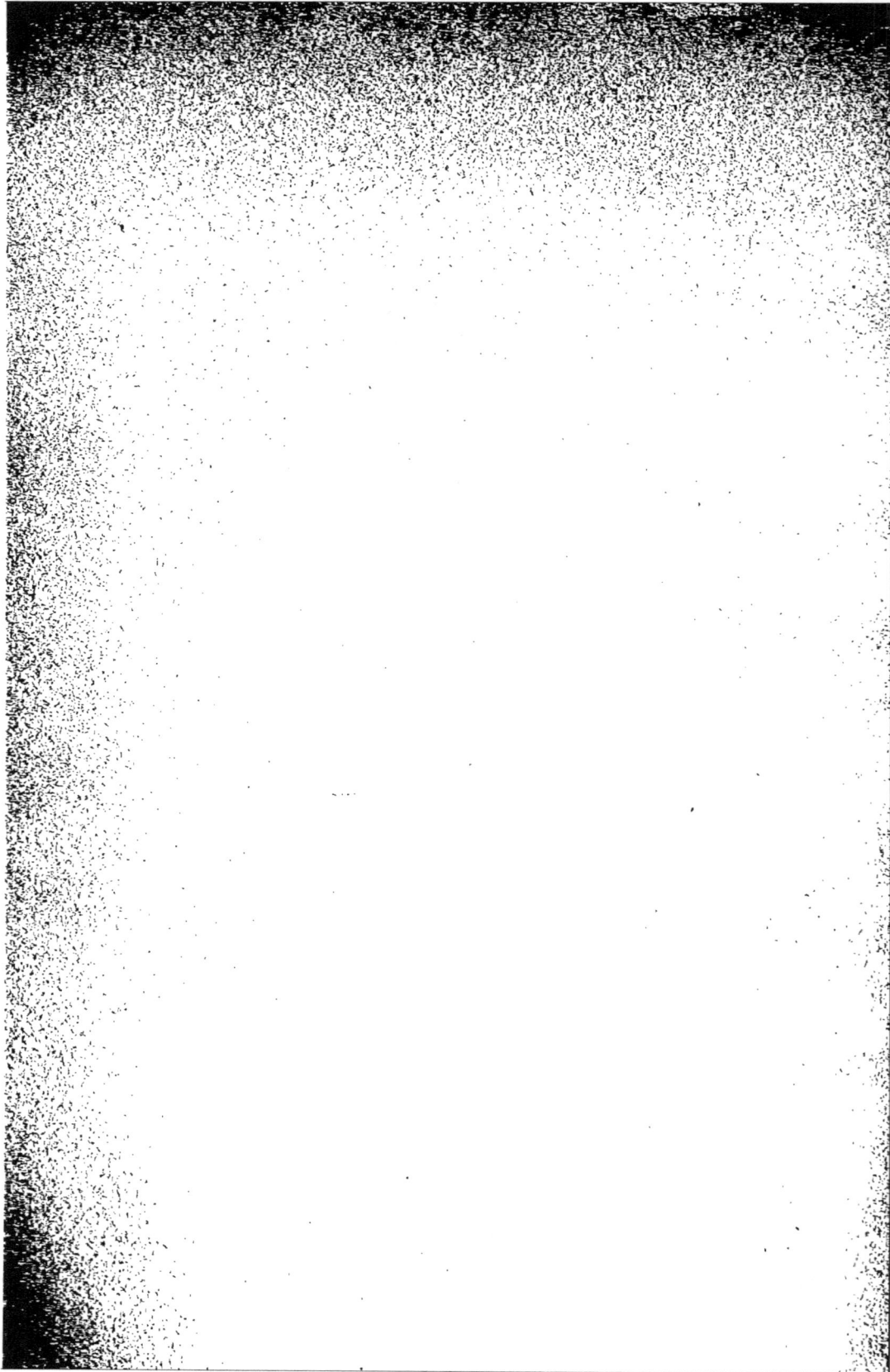

LA

QUESTION ARMÉNIENNE

Quelle mystérieuse étrangeté dans les mouvements capricieux de l'opinion ! On la voit subitement secouée à fond par les scandales d'un drame judiciaire et la houleuse impétuosité de ses indignations se déchaînera, par exemple, en mélopées virulentes et en témoignages d'une pitié théâtrale à propos des souffrances d'un enfant martyr. Puis, quand il s'agira des atrocités monstrueuses dont un peuple a été et est encore victime, quand on supputera par milliers le nombre des morts et par millions le chiffre des pertes, cette même foule s'arrêtera un instant comme devant une statistique curieuse, consultera le cours de la Bourse et, n'y voyant pas de graves oscillations, courra à ses occupations et à ses plaisirs, en accueillant désormais d'une oreille distraite les échos des choses épouvantables qui se passent en Orient. Voici deux ans qu'elles durent et c'est seulement aujourd'hui qu'un souffle de pitié semble passer sur les âmes françaises, préparant peut-être les réveils généreux et les fécondes indignations. Il n'est donc pas trop tard pour exposer (1), après tant d'autres, la question arménienne.

---

(1) Pour ne citer que les périodiques français, comp. les chroniques de la *Revue de droit international*, les articles de MM. de Pressensé et Benedetti dans la *Revue des Deux-Mondes*, ceux de MM. Pisani, Delafosse, de Contenson, et Vandal dans le *Correspondant*, de M. Bérard dans la *Revue de Paris*, la *Revue bleue* passim, les correspondances du *Temps* et du *Journal des Débats*, le *Martyrologe arménien* du P. Charmettant

Je dis la question arménienne et non pas la question d'Arménie, parce que les évènements se sont chargés de démontrer qu'elle ne se renferme pas dans les limites géographiques de la région qui porte ce nom. L'attention est actuellement concentrée sur l'île de Crète bien éloignée de l'Arménie, mais les luttes sanglantes qui s'y livrent, sous le canon des escadres européennes, ne sont qu'un épisode d'une plus vaste tragédie ; elles procèdent des mêmes causes et s'y déroulent à travers les mêmes péripéties dans l'horrible quié tude de la même impunité.

C'est que le mot arménien est devenu synonyme de chrétien. Le problème qui s'agite est celui de la protection, de l'existence même des chrétiens dans les diverses provinces de l'Empire ottoman, et, comme il a mis à découvert l'irrémédiable décrépitude de cet empire, en faisant craquer les derniers vernis de civilisation qui la dissimulaient, il se confond lui-même avec la trop célèbre question d'Orient.

La question d'Orient! Que de fois dans ce siècle l'Europe anxieuse a-t-elle cherché à l'éluder au moyen d'expédients qui ne font qu'accélérer le terme fatal de la solution définitive ? Que de fois ne s'est-elle pas menti à elle-même en proclamant l'intégrité d'une puissance en ruines dans les actes même où elle découpait solennellement son territoire? Il y a cinquante ans un croquis satirique représentait cette fameuse énigme sous la forme d'une pelote hérissée d'aiguilles la pointe en l'air, les diplomates se pressaient alentour, avec cette légende : ils ne savent par où la prendre. Aujourd'hui la pelote est devenue une plaie toute purulente de boue, de corruption et de sang, les gouvernements se regardent avec les mêmes anxiétés et les mêmes défiances. Il faudrait y mettre le fer, tous le savent, aucun n'ose. Et leurs consultations se bornent à l'échange de notes plus ou moins contradictoires, impuissantes et dérisoires comme les formules pharmaceutiques au chevet d'un agonisant.

La cause des Arméniens a trouvé d'éloquents défenseurs en France et à l'étranger. Les documents abondent ; je veux simplement les classer et, les dépouillant de leurs accents pathétiques, étudier froidement, 1° les faits, 2° les causes, 3° les solutions.

I.

I. — Un mot d'abord sur le théâtre des événements que je vais raconter.

L'Arménie est cette province de la Turquie d'Asie qui forme la bordure orientale de l'ovale inférieur de la Mer Noire.— Elle touche au nord-est l'extrémité de l'empire Russe qui porte le même nom, côtoie à l'est l'Arménie Persane. Au sud, elle s'abaisse vers les plaines qui forment le bassin du Tigre et de l'Euphrate. A l'ouest, elle est séparée d'une autre province turque, l'Anatolie, par une ligne assez mal définie. Dès le bord de la mer elle s'élève par ressauts violents jusqu'à des chaînes de montagnes qui forment à peu près trois lignes parallèles dans l'intervalle desquelles des plateaux plus ou moins accessibles sont semés de villes et de villages tantôt épars, tantôt rapprochés. On y retrouve la division administrative en *villayets*, c'est-à-dire en départements dirigés par des gouverneurs ou *valis* et subdivisés en districts et sous-districts.

La population comprend, d'après les meilleures statistiques, 5,400,000 habitants environ. Mais, chose qu'on ignore généralement, les Arméniens de race ne forment qu'une minorité. Il y a, en effet, deux éléments bien distincts, séparés par l'origine, les mœurs et la religion; les musulmans et les chrétiens. Les musulmans représentent 3,891,000 individus, soit 72,2 °/₀, les chrétiens 1,386,000.

Les premiers sont loin de former un groupe homogène. Il y a, d'une part, les Turcs et, d'autre part, les Kurdes. Les Turcs sont d'habitudes sédentaires, apathiques à force de fatalisme, inaptes aux efforts persévérants et s'adonnent, à la campagne, aux soins d'une agriculture rudimentaire, dans les villes, à des métiers infimes ; sans éducation intellectuelle, ils conservent sous leur calme apparent tout le levain du fanatisme séculaire qu'un rien surexcite jusqu'à la passion aveugle. Le Kurde est tout l'opposé ; c'est le vrai sauvage astucieux et brave, indocile à toute règle, cruel avec délice, voleur par tempérament et prêt à toutes les besognes sanglantes. Ces peuplades, grossies par l'incessante venue d'aventuriers de toute origine, vivent à peu près indépendantes dans les retraites inaccessibles perdues dans les massifs montagneux, se livrant à l'élevage, mais attendant l'occasion prochaine de quelque expédition lucrative dans la plaine. Mahométans de nom, ce sont en fait de vrais païens ; ils doivent à leur culte officiel la faveur de servir dans l'armée ottomane, tandis que les chrétiens en sont exclus ; leur nombre approximatif dépasse 1,660,000.

Les chrétiens sont divisés aussi en plusieurs catégories distinctes par la race et surtout par le rite. Mettant à part les Grecs au nombre de 340,000 et les Chaldéens unis au nombre d'un peu plus de 50,000, les plus récents géographes nous apprennent que les Arméniens proprements dits forment un total de 828,000 dans lequel les Grégoriens entrent pour 83, 4 %, les protestants pour 9 % et les catholiques pour 7 %. Schismatiques ou unis, ces indigènes se recommandent par des caractères ethnographiques très particuliers dont on a peut-être exagéré l'excellence, mais que je résume fidèlement. Au point de vue physique, ils ont l'avantage de l'harmonie et de la souplesse des formes, se conciliant avec une force peu commune. L'honneur du fameux proverbe « fort comme un Turc » doit être reporté au compte des portefaix arméniens. Et de fait, à Constantinople, ils exercent les plus lourds métiers ; s'il faut en croire un communiqué du gouvernement, c'est surtout parmi eux que se recrute le corps des pompiers. Sous le rapport moral, ils possèdent une intelligence avide de s'instruire, un don remarquable pour s'assimiler les langues étrangères. Leur littérature est aussi riche qu'originale ; elle est fière de compter 150 journaux dont plusieurs fort anciens. Joignez à cela une activité sans cesse en éveil. Aussi les Arméniens des côteaux sont-ils d'excellents cultivateurs et ceux de la ville d'habiles commerçants. Ils ont fondé dans différentes branches des maisons de premier ordre et presque accaparé les opérations de banque ; leur habileté n'est pas dépourvue d'une certaine astuce et d'un amour ardent du lucre. On les a comparés aux Juifs ou, plus exactement, aux Lombards du Moyen-Age. Quoi qu'il en soit, ils ont prospéré, ils forment en majeure partie la classe aisée et beaucoup se sont élevés jusqu'à l'opulence. Mais on leur reproche surtout une certaine versatilité qui les rend impressionnables à l'excès. Ce n'est pas diminuer la sympathie qu'ils méritent que de les appeler un peuple difficile à gouverner.

Notez donc qu'ils constituent à peine le tiers de la population établie dans le pays qui porte leur nom. Mais il y a des Arméniens ailleurs. La province voisine, l'Anatolie, qui a subi, comme on le verra, les mêmes épreuves que l'Arménie en compte environ 262,000 sur près d'un million de chrétiens. Là aussi la prépondérance du nombre appartient aux Musulmans dans une proportion considérable, 84,2 %. Au-delà de leur berceau, les Arméniens se sont répandus un peu partout. 250,000 environ vivent dans la Turquie d'Europe. Le gros noyau, on peut bien dire le centre d'attraction, demeure dans les possessions russes du Caucase, où l'on trouve un groupe compact de près de 900,000 individus, ayant développé sous un régime plus favorable toutes leurs qualités natives et conquis l'influence que donnent la richesse et l'éducation. En somme, la nationalité arménienne, pour prendre le total le plus favorable, appartient à deux millions et demi de personnes.

Qu'on nous pardonne l'étalage de ces chiffres; c'est une érudition qui ne m'appartient pas, mais on verra plus loin que l'on en peut tirer des considérations sérieuses.

II. — La juxtaposition d'éléments non seulement aussi disparates, mais irréconciliables par nature, serait un danger permanent dans un pays civilisé, sous la tutelle énergique d'une administration prudente et impartiale. Quel foyer d'anarchie n'entretient-elle pas chez des peuples barbares, quand l'autorité elle-même, pactisant avec les fauteurs de désordres, prompte à toutes les vexations, exploitant toutes les ressources de la vénalité la plus audacieuse, s'empresse de faire jaillir l'étincelle provocatrice et active les conflagrations trop lentes !

Dès le début de la domination des Turcs les chrétiens étaient exploités de la façon suivante, devenue une tradition. Les Kurdes, à la saison favorable, fondaient dans la plaine, pillaient de-ci de-là, obtenaient de grosses rançons et s'en retournaient impunis. Les collecteurs des impôts arrivaient ensuite, ne trouvaient plus rien ou presque rien. Les mesures d'exécution commençaient alors avec une rigueur implacable, et, si les malheureux pressurés tentaient quelque velléité de résistance, vite on appelait le concours des troupes.

Celles-ci étaient augmentées pour la circonstance de contingents levés parmi ceux que nous appellerions des réservistes et recrutés pour la plupart chez les Kurdes qui en qualité de musulmans, appartiennent à l'armée. Les voleurs de la veille devenaient les gendarmes du lendemain, et tous, soldats réguliers et auxiliaires, tombaient à qui mieux mieux sur les Arméniens. C'est une vieille histoire. Les massacres du Liban en 1861 qui ont provoqué la généreuse intervention des Français n'ont pas eu d'autre origine, les Druses remplaçant les Kurdes. Les événements actuels n'en sont qu'une réédition, hélas augmentée et sinistrement illustrée de méfaits sans nom.

Le mal était si commun et devenu si chronique que les peuples d'Europe n'y prêtaient plus attention. Que faisait dans la balance générale le sacrifice de quelques vies obscures, le pillage de quelques localités inconnues ! Il a fallu que les vexations prissent des proportions inouïes pour que l'opinion s'en émût, avec quelque timidité d'abord, dans le début en Suisse et en Angleterre seulement. Puis le drame s'est déroulé en trois actes successifs, séparés par les dates et par les lieux, mais unis par l'explosion des mêmes passions se développant progressivement et presque méthodiquement depuis août et septembre 1894.

Le premier acte eut pour théâtre le district de Sassun dans le villayet de Bitlis. Les journaux turcs ont raconté d'abord qu'il s'agissait d'une simple échauffourée provoquée par le meurtre d'un facteur des postes tué par un Arménien, puis, quand on connut le chiffre des morts, accusèrent un étudiant en médecine d'avoir organisé une expédition contre les Kurdes, laquelle se serait tournée ensuite contre les troupes régulières. Mais la vérité fut bientôt connue par la presse indépendante et confirmée par l'enquête officielle C'étaient, au contraire, les Kurdes qui s'étaient jetés sur la population paisible et qui avaient trouvé des alliés aussi ardents, aussi dépourvus de scrupules, dans les soldats envoyés pour rétablir l'ordre.

Cette fois, ils avaient dépassé toutes les bornes : on sut bientôt qu'ils ne s'étaient pas seulement attaqués aux hommes, mais s'étaient acharnés, et de préférence, sur les femmes et les enfants. Des villages entiers avaient été détruits, des bourgades florissantes ne comptaient plus un seul habitant. Quant au chiffre exact des victimes, on n'a jamais pu le savoir. L'enquête officielle fut menée d'une façon déplorable, entravée à chaque instant par le mauvais vouloir et l'insigne fourberie des fonctionnaires, au point de motiver à plusieurs reprises les protestations et les réclamations des représentants des Puissances : elle accuse cependant le chiffre de mille morts.

L'Europe ne pouvait demeurer indifférente. Sur l'invitation de l'Angleterre, la France, la Russie et l'Italie se mirent d'accord pour rappeler au Sultan le fameux article 61 du traité de Berlin. « La « Porte, y est-il stipulé — s'engage à réaliser sans plus de retard les « améliorations et les réformes exigées par les besoins locaux dans « les provinces habitées par les Arméniens et à garantir leur sécu- « rité contre les Kurdes et les Circassiens. La Sublime Porte don- « nera connaissance périodiquement des mesures prises à cet effet « aux puissances qui en surveilleront l'exécution ». Depuis 1878, ce texte solennel dormait dans les cartons des chancelleries !

On voulait cette fois l'en exhumer pour lui donner une forme utile et des résultats pratiques. Après bien des pourparlers, les Puissances arrêtèrent les termes d'un Memorandum commun indiquant le plan des réformes à accomplir, les garanties d'exécution et les moyens de contrôle réservés à l'Europe. Ce document diplomatique fut signifié au gouvernement Ottoman à la date du 15 mai 1895. Est-il besoin d'ajouter qu'il eut pour unique effet de fournir un thème nouveau à des discussions à perte de vue dans lesquelles la diplomatie turque épuisa toutes les roueries imaginables pour gagner du temps et n'aboutir enfin qu'à un décret du Sultan rétrécissant et dénaturant le programme proposé, rétréci et dénaturé lui-même par les instructions qui l'accompagnaient.

Pendant que l'on gaspillait ainsi un temps précieux en démarches, contre-démarches, pourparlers, représentations, notes verbales ou écrites, le trouble et l'excitation allaient grandissant dans la capitale et dans les provinces.

Le second acte se passe à Constantinople même et commence le 18-30 septembre 1895, par un incident des plus vulgaires. Un groupe nombreux d'Arméniens forme le bizarre projet d'aller en procession présenter au gouvernement leurs doléances et leurs réclamations. Malgré les objurgations de leur Patriarche, ils ne veulent pas comprendre que les habitudes anglaises en fait de meetings ne sont pas encore acclimatées en Turquie et le cortège se met en route. Il rencontre la police qui le coupe, et suivant le mot consacré, cogne sur les manifestants. Il semble que ce signal était attendu. La troupe se

mêle à la police, et d'un commun accord, soldats, policiers, musulmans de toute catégorie, arrêtent, brutalisent, tuent les passants
inoffensifs ayant l'apparence d'Arméniens, envahissent les quartiers
habités par eux, pillent leurs boutiques et conduisent aux prisons
ceux qu'ils dédaignent de massacrer.

Après la police et sous son œil bienveillant, vinrent les assommeurs
fournis par la populace et les sectes fanatiques : « Ils arrivèrent
« par le bateau vers cinq heures du soir, dit M. Bérard, et toute la
« nuit, toute la journée du lendemain, durant trente heures on tra-
« vailla... Les bandes, les *sopadgis*, n'avaient pour armes que des
« bâtons *(sopas)*, mais tous de même forme et de même longueur. On
« jetait l'Arménien à genoux ou à plat ventre et l'on tapait sur la
« tête jusqu'à ce qu'elle fut réduite en bouillie ou séparée du tronc.
« *La police cernait le quartier et rabattait les fuyards...* On sacca-
« geait tout, on cassait tout à coups de triques. On apportait le
« même soin à réduire la tête des hommes en pâtée et les mobiliers
« en poussière. »

Après les assommeurs, les voleurs « les bandes de pilleurs Juifs
« de Galata et la canaille de Stamboul sont venues, et retournant et
« ébrouant les débris des mobiliers, ont emporté le moindre objet. »

Toute sécurité avait disparu, tout commerce était suspendu ; les
églises, les ambassades, les maisons européennes étaient combles de
fugitifs. Les paquebots en partance étaient assiégés par des centaines d'émigrants de toute nationalité. — Les agents des puissances firent des prodiges pour ramener un peu de confiance, mais
c'est seulement vers le 9 octobre que les réfugiés commencèrent à
réintégrer leur domicile et que le calme, tout de surface du reste,
parut renaître.

Quel a été le nombre des victimes ? L'*Agence Havas* a donné le
chiffre suspect de 400. Mais combien d'exécutions mystérieuses dans
le secret des prisons ? Combien de noyades nocturnes dans la Corne
d'Or au moyen de ces bateaux plats que les navires marchands aper-
cevaient de loin escortés par des chaloupes armées ? Détail caracté-
ristique : pendant plusieurs semaines, personne à Constantinople ne
mangea de poisson.

Mais voici le troisième acte dont l'horreur dépasse toute descrip-
tion. Le théâtre s'agrandit et comprend douze villayets, embrassant

toute l'Arménie, toute l'Anatolie et descendant en Syrie jusqu'à Alep
et Antioche. Mais partout le terrible drame se déroule de la même
façon ; l'horreur de quelques détails met seule quelque variété dans
les épisodes. Je cite, par exemple, d'après le rapport officiel dont je
parlerai plus bas, ce qui s'est passé à Trébizonde : « Une vive agi-
« tation est causée parmi les musulmans par la nouvelle des troubles
« survenus à Constantinople le 30 septembre. Dans la soirée du
« 4 octobre, trois mille musulmans en armes, venus en partie des
« villages voisins, pénètrent dans la ville et attaquent les quartiers
« chrétiens. D'après le vali, le point de départ des incidents est une
« querelle privée entre Arméniens et Turcs, mais le fait qu'une par-
« tie des manifestants musulmans étaient venus de villages situés à
« plusieurs heures de distance de Trébizonde, prouve une prémédi-
« tation de leur part. Du reste les musulmans de la ville avaient fait
« dans la journée des achats considérables d'armes au Bazar et
« avaient également tenté de s'emparer d'un dépôt d'armes... Le
« 8, vers midi, une panique se produit dans toute la ville et des coups
« de feu retentissent de toutes parts. L'enquête des consuls démontre
« qu'aucune provocation n'est venue des Arméniens. La ville était
« dans le calme lorsque, sur un signal donné par un coup de trom-
« pette, l'émeute commença. Elle cessa également vers trois heures
« sur un signal analogue. Tous les Arméniens, surpris dans les
« rues, sont massacrés. Les assassins pénètrent aussi de force dans
« les boutiques, tuent les marchands et pillent les marchandises.
« Seules, par suite d'un mot d'ordre évident, les habitations des
« étrangers sont épargnées. Cent cinquante personnes se sont réfu-
« giées au consulat de Russie. Tous les autres consulats ont aussi
« donné asile aux fugitifs poursuivis par les assassins. » Le récit se
termine par cette note laconique : « Les villages de Mala, Hassova
« — suivent vingt autres noms barbares — ont été pillés. »
Dans chaque province et pour chaque ville c'est la même répétition :
il suffit de multiplier ce tableau par le nombre des localités. On a
essayé de dégager les chiffres de cette lugubre statistique. Les
ambassadeurs des six grandes puissances ont collationné les rapports de leurs agents consulaires et en ont résumé les éléments dans
le document dont on a lu plus haut un extrait et qui, publié dans le
Livre Bleu distribué au Parlement anglais, n'a pas encore été porté

à la connaissance des Chambres françaises. Il est divisé en cinq
colonnes réparties sous les rubriques suivantes : localités, dates,
morts, récit des évènements et leurs causes, attitude des autorités
et de la population. Il est forcément incomplet, « parce que les infor-
« mations se bornent, dit l'ambassadeur anglais, sir Philippe Curie,
« aux localités où les ambassades ont pu se procurer des rensei-
« gnements dignes de foi et parce que, ajoute-t-il dans la lettre
« d'envoi au marquis de Salisbury, il a été souvent impossible d'éta-
« blir une appréciation exacte dans le cas des villages sur le sort
« desquels on n'a pu connaître rien, sinon que la région dans
« laquelle ils se trouvaient a été dévastée. » Aussi trouve-t-on souvent cette mention : chiffre inconnu.

Quoi qu'il en soit, l'ambassadeur anglais établit un minimum :
« La perte totale sur laquelle on pouvait obtenir une information
« exacte monte environ à 25,000 personnes, et si nous y ajoutons
« les massacres sur lesquels il n'y a pas de détails, l'estimation
« peut monter à un chiffre fort supérieur. » Ce chiffre, au témoi-
gnage de membres du clergé grégorien et catholique, confirmé par
quelques voyageurs, s'élèverait à 120,000. Quelques journaux ont
même parlé de 300,000.

III.— Un pareil chiffre sur le bilan d'une guerre, d'après des bulle-
tins de batailles, ferait frémir les âmes les plus éprises de la gloire
militaire, mais elles chercheraient à se reprendre en songeant que
tous ces morts sont tombés sans outrage et sous la protection des
lois de l'humanité. Ici, hélas, toutes ces lois ont été, de sang-froid
et par préméditation, méconnues et violées. Tous les raffinements de
la cruauté la plus savante ont été mis en œuvre. On a lu plus haut
les exploits des assommeurs de Stamboul. Ajouterai-je que là « des
« Arméniens furent amenés chez des bouchers. Comme ils se débat-
« taient, on leur trancha les deux mains sur l'étal, et le boucher
« criait : Pieds de cochons à vendre. »

Au moins dans la capitale, pas une femme ne fut frappée, mais
quelles horreurs dans les provinces ! Des prêtres y sont écorchés
vifs, des enfants coupés en morceaux sur les genoux de leurs
mères ; en plusieurs endroits, dit un « témoin oculaire, on a éventré
« des femmes enceintes et retirant les fœtus de leurs entrailles on
« les a jetés dans les puits, les uns encore vivants, les autres dépecés

« en forme de croix. » Le viol est militairement organisé et des centaines de femmes et de jeunes filles se précipitent des terrasses ou dans les fleuves pour échapper à la poursuite d'une soldatesque effrénée.

J'épargne bien des monstruosités au lecteur, mais avant de quitter cet épouvantable spectacle, je veux signaler deux articles de ce programme hideux, les prostitutions forcées et les apostasies forcées. Sur le premier point, je laisse la parole au P. Charmettant : « C'est « par une débauche systématique et obligatoire que les Turcs tra- « vaillent à pervertir la femme. Ils les saisissent une à une et le « premier venu les outrage impunément, sans que jamais l'autorité « n'intervienne que pour défendre à ces malheureuses de quitter « le pays... A Tamzara, par exemple, dans le villayet de Sivas, « tous les hommes, dès le mois de novembre, ont été massacrés. « De cette nombreuse population, il ne reste que trois cents femmes « et de nombreuses jeunes filles et petits enfants, mourant de faim « et à demi nus, à qui défense est faite de quitter le pays, à moins « que ce ne soit pour suivre un Turc. Or tous les musulmans des « environs viennent là assouvir leurs passions, de même que les « voyageurs ou soldats de passage pénètrent dans leurs demeures et « leur imposent l'outrage sans hésiter. »

Les apostasies extorquées par la menace ou par la torture ont été nombreuses et opérées à la fois avec tant d'art et de brutalité qu'on ne peut en supputer le nombre exact. Les autorités ecclésiastiques les évaluent à quinze mille. Encore n'ont-elles pas toujours sauvé les malheureux parjures et les Turcs, en les achevant après la cérémonie de la circoncision, plaisantaient-ils audacieusement sur la nécessité de les préserver par la mort contre toute velléité de retour. La plupart cependant ont acheté la vie à ce prix, mais sous quelle menace? Il semble que les fonctionnaires du Sultan se soient réservés de cette façon une excuse légale pour les massacres futurs, car le *Chari*, code pénal adjoint au Coran, punit de mort le musulman qui abjure.

On ne pourra pas taxer d'exagération la peinture qui précède; il y manque pourtant un trait. Des milliers d'Arméniens, échappés au carnage, ont été jetés en prison, comme rebelles, insurgés, fauteurs de désordres etc., beaucoup y entrent encore tous les jours et Dieu

sait quand et comment ils en sortiront. Mais que se passe-t-il dans les prisons ? Voici ce que raconte un ancien détenu de la prison de Marache. « Inutile de décrire ces cachots infects et mal aérés ou
« des hommes innocents et délicats de constitution, pour la plupart,
« sont entassés pêle-mêle sur la terre nue et humide, exposés
« aux suites souvent fatales d'émanations nauséabondes et délé-
« tères. Pendant le jour, ils doivent se résigner à accomplir des
« corvées dégradantes à grands coups de verges que des soldats
« inhumains, de vrais bourreaux, sont chargés de leur asséner à
« chaque instant. — La nuit, ordinairement vers minuit, on en con-
« duit un certain nombre, à tour de rôle, dans une pièce spéciale
« que l'on nomme le département de la police, pour y être flagellés
« jusqu'au sang, pas moins de quatre cents coups ! Après quoi vient
« la torture, renouvelée des temps les plus barbares, avec l'indes-
« criptible et odieuse série de supplices sans nom : On leur enfonce
« dans les chairs, sur diverses parties du corps, de petits poignards
« d'une lame spéciale, on les empale ensuite sur des pieux à pointes
« effilées, juste avec les précautions strictement nécessaires pour
« qu'ils n'expirent pas ; on leur introduit de l'ordure dans la
« bouche, etc... »

Voilà le régime de terreur qui est encore à l'heure où vous lisez ces lignes en pleine activité dans les provinces de la Turquie. Il a fonctionné pendant nos vacances avec la même régularité méthodi-que en plein Constantinople, dans les quartiers populaires, dans plusieurs districts d'Asie, et, comme on s'habitue au mouvement monotone d'une machine connue, les journaux se sont lassés de raconter les crimes obscurs et les attentats individuels. Que l'on s'étonne après cela de l'exaspération des Arméniens et peut-on les blâmer si parfois ils ont été entraînés à quelques excès, par exemple, lors de la tentative inexpliquée contre la Banque ottomane ?

Un chapitre intéressant tentera plus tard la curiosité des écono-mistes. On voudra dresser l'inventaire des pertes matérielles. Pour le moment on ne peut que constater les ruines publiques et privées. L'agriculture est ruinée dans toutes ces régions, le commerce disparu, le crédit éteint. Les faillites ne se comptent plus à Constan-tinople et la loi du Moratorium qui a prorogé les échéances a peut-être encore aggravé le désastre. Dans les provinces, des familles jusqu'alors opulentes sont réduites à la misère, des malheureux par milliers, croupissent dans le dénûment le plus absolu. Il faudra peût-être un demi-siècle pour réparer le dommage.

IV. — En terminant cette enquête, je veux attirer l'attention sur la cinquième colonne du Tableau officiel dont j'ai parlé et qui porte ce titre suggestif : Attitude des autorités. La réponse ne laisse aucun doute : les autorités ont été de connivence avec les auteurs directs des massacres. C'est constaté à chaque ligne. Cette complicité est tantôt tacite : on laisse faire les émeutiers et les assommeurs ; souvent elle est directe : les fonctionnaires jouent le rôle de provocateurs et les troubles éclatent après leur tournée dans les villages musulmans ; les officiers même supérieurs prennent part aux tueries et aux pillages. Elle n'existe pas seulement pour les administrations locales, comme on l'a prétendu ; elle remonte au sommet même de la hiérarchie administrative. Mille faits le prouvent. Choisissons au hasard : 1º Les gouverneurs, généraux, colonels, compromis dans les troubles ont été brillamment décorés ou déplacés avec avancement. 2º Aucun n'a été puni et ceux qui ont été mis en jugement, comme l'officier rendu responsable du meurtre d'un moine, protégé français, le P. Salvator, comparaissent devant des juridictions partiales, dont la décision négative est certaine. 3º Les Européens ont été soigneusement épargnés, par crainte des Puissances, et les Grecs aussi, par crainte de la Sainte Russie. 4º Le nombre des morts mulsulmans est insignifiant : phénomène inexplicable si, comme le prétendent les Turcs, il s'agit d'émeutes provoquées par les Arméniens.

Cette constatation n'était pas inutile avant même de rechercher les causes de cette persécution dirigée tout spécialement contre un seul peuple et d'en dégager les responsabilités.

II

Pendant un certain temps il fut bien difficile au public européen de découvrir la vérité au sujet des évènements qui se passaient en Arménie. Les dépêches reproduites par les journaux étaient obscures, contradictoires, et cette obscurité n'était pas pour déplaire aux gouvernements qui redoutaient l'embarras des explications et les explosions du sentiment populaire. Les nuages étaient soigneusement entretenus par les agents de tout degré et de tout ordre de l'administration turque et l'on peut admirer ce qu'ils ont dépensé d'ingéniosité dans l'art de dérouter l'opinion.

Ils commencèrent par nier effrontément. C'est ainsi qu'un haut personnage ottoman, interwièvé à Paris par un correspondant du *Temps*, répondait avec un sourire dédaigneux : « Les Consuls sont « mal renseignés, tout cela repose sur des bruits absolument faux « venus de villes très éloignées et grossis le long des chemins. A « Trébizonde même il n'y a pas eu de victimes et pas même une « seule blessure. » — Notez que dans cette seule ville le tableau officiel de l'enquête constate six cents morts et cinq millions de dégats. — Le Sultan lui-même suivit cette tactique. En retour de la lettre autographe de la reine d'Angleterre, il envoyait une lettre également autographe dans laquelle il exprimait le regret « que le « peuple anglais et sa gracieuse souveraine eussent été mal rensei- « gnés sur les récents évènements par une certaine catégorie d'in- « formations (1er Fév. 1896). » — N'a-t-on même pas fait courir le bruit qu'il allait poursuivre M. Gladstone devant le jury anglais, et qu'il avait déposé contre lui une plainte en diffamation pour l'avoir appelé publiquement le sultan assassin ?

Quand il fut impossible de nier, les Turcs mirent tout en branle pour donner le change et pour célébrer le mouvement réformateur à la tête duquel Abdul-Hamid se mettait lui-même, les heureux effets qu'il produisait partout, et la pluie de bénédictions que les peuples reconnaissants versaient sur ce règne fécond. Outre les communiqués officiels que les journaux de Constantinople étaient contraints d'insérer par ordre, une partie des agences de publicité, et nombre de feuilles périodiques furent achetées et grassement rémunérées en argent et en décorations.

Voici, entre mille, un échantillon de ce style, on le trouvera dans la plupart des journaux à la date du 31 janvier dernier :

« Au fur et à mesure que se répand la nouvelle de la réunion des « ambassadeurs pour l'élaboration d'un programme de réformes, « les populations musulmanes se montrent satisfaites. Des nouvelles « reçues d'Anatolie et des villayets d'Europe confirment cette bonne « impression.— Fidèles à leur habituelle tactique, certains comités

« arméniens propagent des bruits pessimistes. Loin de signaler une
« agitation naissante en Arménie, les derniers rapports des consuls
« européens sont unanimes à signaler le calme absolu des popula-
« tions, »

Après cela, il ne manquait plus que d'intervertir les rôles et de
représenter les Arméniens comme de vulgaires insurgés, d'incorri-
gibles révolutionnaires, voire des anarchistes cosmopolites, rêvant
la destruction des pauvres Musulmans, doux et inoffensifs moutons
soumis aux plus paternels bergers. On le fit avec cynisme. Et comme
les dithyrambes de la Presse pouvaient paraître suspects, on se mit
en campagne pour obtenir de tout côté et des victimes elles-mêmes
des certificats de modération et de bonne conduite. Les mission-
naires, les patriarches, les agents consulaires, les synodes furent
vivement sollicités ; quelques uns dans la crainte de compromettre
davantage les intérêts qui leur étaient confiés se laissèrent aller à
donner leur signature et tout de suite on en faisait étalage. Pour en
augmenter le nombre, on en vint à les exiger des mourants et des
blessés. Dans les prisons, les tortures nocturnes que nous avons dé-
crites étaient spécialement affectées à cet usage. M. Jaurès a fait
frémir la Chambre française en lui décrivant ce tableau : « Un de
« nos consuls raconte qu'un des principaux témoins a été torturé
« comme je vais vous le dire. On lui trépanait doucement la tête,
« puis on y introduisait une coquille de noix ou de noisette remplie
« de poix et dans l'intervalle des évanouissements successifs que
« provoquait cette atrocité, on lui disait : Veux-tu maintenant signer
« que ce sont tes frères d'Arménie qui ont commencé. »

Cependant, malgré ces répugnantes habiletés, la lumière a pu se
faire. Les causes des évènements dont on vient de lire le triste récit
sont de deux ordres ; les unes très générales, les autres plus spéciales et plus directes.

Parmi les causes générales, il faut mettre en tête la haine invé-
térée des Musulmans contre les chrétiens, l'antagonisme irréductible des deux races. Il n'y a pas de rapprochement possible, aucune vie commune. L'extermination des vaincus paraît une chose
toute naturelle et la suite logique de la conquête ancienne. On raconte quelque part qu'un brave *cavas*, soldat d'élite, attaché depuis
longtemps au service de l'ambassade française, bon père de famille

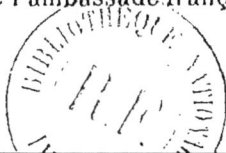

2

et de tempérament très doux, chargé de conduire une sœur de Saint-Vincent au débarcadère, lui disait en chemin tout naïvement : « On coupe des têtes là-bas, ma sœur ; quel dommage de ne pas y « y être ! » Voilà l'expression populaire du sentiment général ; ce ne sont pas des réformes administratives qui l'étoufferont. Ce sentiment est soigneusement entretenu dans la jeunesse même la plus éclairée (autant qu'elle peut l'être là-bas avec un sytème d'éducation très étroit et très comprimé). On s'imagine généralement que le parti libéral en Turquie, le parti des réformes, se recrute surtout parmi les jeunes gens, parce qu'il s'appelle le parti des Jeunes Turcs. C'est une erreur ; si ce parti compte quelques jeunes recrues, c'est surtout parmi les rares privilégiés qui ont voyagé en Europe. Mais la jeunesse des écoles, les *softas*, comme on appelle là-bas tous les étudiants et non seulement les étudiants en théologie, partage tous les préjugés rétrogrades et apporte à les défendre sa fougue naturelle. Cela se comprend ; le Coran n'est pas seulement la règle de leur foi, mais c'est pour tous ces aspirants fonctionnaires la base même de l'organisation civile et pénale.

A cette cause primordiale il faut joindre comme pendant et comme contre-partie la surexcitation permanente des Arméniens. On l'excuserait à moins : voici tant d'années qu'on les leurre avec des promesses solennellement garanties par l'Europe, sans que rien en réalité vienne adoucir leur asservissement. Ils ne comptent plus les victimes ni les ruines, comment veut-on qu'ils ne cherchent pas un peu d'air respirable? Cependant, il faut bien le dire, il y a parmi eux un groupe vraiment révolutionnaire qui a permis aux Turcs de justifier certaines allégations. Ce groupe s'est particulièrement recruté parmi les Arméniens protestants, évangélisés par des pasteurs venus d'Angleterre et d'Amérique. Les largesses des Sociétés bibliques, les riches dotations des missions ont permis à un certain nombre de jeunes gens de s'expatrier et de venir en Europe continuer leurs études. Avec cet élément ardent, ambitieux, se sont constitués de nombreux comités répandus surtout en Suisse et en Angleterre. La plupart, placés sous le patronage de hauts personnages anglais, sont des sociétés ostensibles de protection et de secours, mais il y a les groupements secrets qui se rattachent à un comité central appelé *Hindschac*. On a trouvé la main de ce comité dans plusieurs évènements qui ressemblaient singulièrement à des exécutions d'affiliés suspects de trahison ou de tiédeur. Jusqu'à quel point cette organisation subit-elle la direction occulte du gouvernement anglais ? Est-il vrai qu'elle lui a fourni ses services pour détourner de l'Égypte l'attention des États d'Europe ? C'est une énigme qu'il ne sera jamais donné à personne d'éclaircir.

La responsabilité plus directe pèse sur le Sultan personnellement et sur son entourage immédiat, et cette double néfaste influence est aggravée par l'état déplorable de toute l'administration.

I. — Le sultan, Abdul-Hamid II, mérite dans toute l'acception du mot son titre de commandeur des Croyants. C'est un fanatique. Des journalistes anglais qui ont pénétré jusqu'à lui ont vanté son aménité et son inclination pour certains usages européens. Ils ont raconté comment il avait renoncé aux turbans constellés de diamants et aux vêtements de satin et de soie pour se contenter du simple fez et de la redingote brodée ; au lieu de se montrer aux ambassadeurs, comme autrefois, à travers un grillage d'or, dans une sorte d'alcôve, il daigne converser avec eux, leur tendre la main et leur offrir des cigarettes de choix. On ajoute même qu'il connaît à fond plusieurs langues, notamment la nôtre et qu'il interprète agréablement sur le piano les airs de la *Fille de M*^{me} *Angot*. Mais tous ces racontars ne peuvent pas changer les faits. Par le choix de ses officiers, par ses proclamations, par la résistance même et le retard qu'il apporte au moindre projet de réformes, il a nettement montré qu'il était le premier des Vieux-Turcs.

Il leur appartient encore par un sentiment bien puissant, par la peur. Il ne peut oublier la façon dont il est monté sur le trône, succédant à son oncle Aziz dont la mort mystérieuse fut qualifié officiellement de suicide et à son frère Mourad qui fut interné comme fou. Le double spectre du suicidé et du séquestré le hante : il craint pour lui-même des mésaventures semblables, si jamais il faisait une concession favorable aux chrétiens.

Et ce poltron est en même temps un autoritaire. Confiant dans ses propres capacités, il veut tout faire par lui-même. Lisez cette phrase curieuse de sa lettre du 5 novembre 1895 à Lord Salisbury : « *Lorsque « j'exécuterai les réformes*, je prendrai les documents qui les ren- « ferment et je veillerai *moi-même* à ce que chaque article soit

« exécuté. Voilà ma décision arrêtée : *j'en donne ma parole d'hon-*
« *neur !* »

Malgré la meilleure volonté, il est matériellement impossible que
dans un Empire aussi vaste et aussi compliqué, le Souverain puisse
tout faire par lui-même. Il faut bien qu'il s'adresse à des auxiliaires
et qu'il se décharge sur eux d'une bonne partie des affaires. Quelle
est la valeur des auxiliaires actuels du Sultan ?

II. — On croit généralement que ces auxiliaires sont les ministres, de même qu'en Russie, sous une constitution également auto-
crate, les Ministres passent pour être les agents directs de la politique du Tzar. Il n'en est rien dans la réalité. Le Ministère turc
n'est qu'un trompe-l'œil, une simple façade décorée du titre fas-
tueux de Sublime-Porte. La direction effective, le pouvoir réel appartient à l'entourage immédiat du Sultan, à ce que l'on appelle
le Palais — les Ministres étant réduits au rôle ingrat de truchements
décoratifs entre leur maître et les représentants des puissances.
Cette rivalité entre les délégués officiels du souverain et sa Cour
intime est chose patente à Constantinople et dans toutes les chancelleries ; elle n'a rien, du reste, de bien extraordinaire et l'on
trouverait facilement des précédents analogues dans l'histoire de
la Monarchie française et, plus près de nous, dans celle du second
Empire.

Il est difficile de pénétrer les mystères qui planent au-dessus du
somptueux enchevêtrement des demeures impériales. On sait seulement que parmi les quelques milliers de personnes qu'elles abri-
tent à des titres divers, au-dessus d'une domesticité variée à l'infini,
on prononce tout bas le nom de quelques favoris, de quelques
favorites.

L'élément masculin est représenté surtout par des aventuriers et
des intrigants, parvenus, on ne sait comment, jusqu'à l'intimité de
l'Empereur. Le grand dispensateur des grâces, le véritable inspi-
rateur de la politique, serait, dit-on, un certain Izzet-Bey, secré-
taire privé et chambellan de Sa Hautesse. C'est un ancien juge qui
fut jadis révoqué pour corruption et malversations et dont le premier acte fut de faire exiler le Ministre de la Justice qui avait
découvert et puni ses crimes professionnels. Les nominations qui
émanent du Palais ont une telle valeur que l'Empereur d'Allemagne

et l'Empereur d'Autriche ont refusé d'agréer les ambassadeurs que le Sultan leur envoyait en décembre 1895 et janvier 1896.

L'élément féminin est encore plus compliqué. Le Harem se compose de trois groupes. Le premier comprend les quatre femmes, dites légitimes et appelées *Kadinés*. L'une d'elle est la sœur du vali qui a joué un rôle prépondérant dans les massacres de Sassoun. Le second en nombre illimité s'enrichit de toutes les favorites ou *Ikbals*. Le troisième est l'escadron volant des aspirantes-favorites, des *Guienzdès* (traduction libre : dames agréables aux yeux du maître). La maîtresse véritable du Harem est la Sultane *Validé* qui, dans la hiérarchie ottomane vient immédiatement au-dessous du Sultan et a droit aux mêmes honneurs. Ce n'est pas, comme beaucoup de romans le racontent, la première femme légitime. Ce titre appartient à la mère de Sa Majesté, et si la mère n'est plus, à sa nourrice. C'est le second cas qui se présente aujourd'hui; la nourrice d'Abdul-Hamid exerce, paraît-il, une grande action sur lui. Or d'après les journaux anglais, si elle est une excellente femme de ménage, elle est imbue des idées les plus rétrogrades et du plus pur fanatisme.

L'influence prépondérante du Palais s'est manifestée dans un sens non équivoque. Tous les fonctionnaires, si haut fussent-ils, soupçonnés de désirer les réformes ou de répugner aux besognes sanglantes, ont été révoqués, disgraciés ou poursuivis. Plusieurs ont mystérieusement disparu. On se souvient de la tragique histoire de Midhat Pacha, l'auteur infortuné d'une Constitution libérale qui ne fut jamais appliquée. Pour ne citer que des faits récents, les journaux ont raconté que le grand écuyer, trois généraux commandants de corps d'armée, et, il y a quinze jours, Tewfik-Bey, directeur de l'Ecole militaire de Pancardi, avaient dû prendre la fuite après avoir présenté un plan de réformes. La disgrâce des deux derniers grands vizirs est pleine d'instruction. Le premier, Kiamil Pacha, refuse d'accepter le gouvernement d'Alep parce qu'on le prévient qu'il n'en reviendra pas. Le second, Saïd-Pacha, tout dévoué cependant aux vieux Turcs, est sollicité d'accepter le poste extraordinaire et créé pour lui de chancelier de l'Empire à la condition de résider au Palais, mais décline cette hospitalité dangereuse et va demander asile à l'ambassade anglaise.

III. — Quand le désordre règne ainsi dans les hautes sphères du gouvernement, peut-on s'étonner de la corruption de toute l'Administration inférieure ?

Dans l'ordre purement administratif, la vénalité règne sur toute la ligne et à tous les degrés. Il n'y a pas en Turquie de classes intermédiaires, confinant à la bourgeoisie instruite, dans lesquelles, comme chez presque tous les peuples civilisés, se recrutent les fonctionnaires, et qui perpétuent par tradition les qualités et surtout l'honnêteté professionnelles. Les fonctions sont dues à la faveur et la faveur s'achète à prix d'argent. Et alors, qu'on me pardonne cette expression, c'est le pot-de-vin en cascade. Là-bas cela s'appelle le *baskchich*. Le vali, par exemple, doit payer le favori qui le nomme; pour rentrer dans ses débours, il vend les places dont il peut disposer dans son gouvernement ; les autres font de même jusqu'à ce que le poids final de ces exactions retombe sur le pauvre contribuable. Tous le pressurent à l'envi, et quand il est épuisé ou que les moyens d'action font défaut, on appelle le Kurde pour pêcher de compagnie en eau trouble. Or le contribuable c'est l'Arménien, car lui seul dans la paresse générale est riche ou aisé.

Voici deux exemples récents. Edhem-Pacha est envoyé pour désarmer un clan de Druses. Il devait rapporter huit à dix mille fusils. Il revient avec huit cents, annonçant hautement que le district était pacifié. Il avait reçu en route cinq cent mille francs et fut dénoncé par le vali mécontent de n'avoir pas touché sa commission. A la même époque, le gouvernement, pressé d'argent, négocie un emprunt auprès de la Régie des tabacs en prorogeant son monopole à trente-cinq ans. L'opération manque au dernier moment, parce que les directeurs de la Régie refusent de payer au fils du grand vizir le denier qu'il réclamait.

N'est-ce pas le cas de méditer ces paroles écrites en 1852 par lord Stratford, l'ambassadeur anglais le plus au courant des choses ottomanes : « La masse de la nation est essentiellement corrompue ; le gaspillage, le vol, la vénalité sont partout. L'affaissement se trahit de tout côté et à mes yeux le mal est sans remède ? »

Cette anarchie administrative a son contrecoup dans l'ordre financier. On se rassure à première vue en constatant que depuis 1881, l'empire Turc a exécuté ponctuellement ses promesses et payé les arrérages avec une régularité que d'autres États sont loin d'avoir imitée. Tant mieux pour les intéressés et souhaitons que cela dure pour les rentiers français qui ont placés deux milliards 229 millions dans les fonds d'État turcs ou dans les obligations garanties par lui. Mais cette situation en apparence satisfaisante tient à ce que, depuis 1881, la caisse est surveillée par les créanciers eux-mêmes, représentés par le Conseil de la Dette, et que les principaux revenus de l'État sont affectés à leur garantie. Mais il en résulte qu'il reste peu de ressources disponibles pour les dépenses publiques. La *camerilla* qui s'engraisse au Palais aux dépens du Sultan coûte cher: un journal anglais évalue cette sorte de liste civile à 190 millions dans lesquels les frais de cuisine figureraient pour vingt-cinq. Aussi les fonctionnaires ne touchent-ils plus leur traitement; le haut commissaire, Chakir-Pacha, nommé récemment en Arménie, demande son rappel parce qu'il n'est pas payé. De temps à autre on a recours à des expédients pour acquitter un douzième en retard. Mais les expédients ne durent pas toujours.

C'est ce qui explique une observation de l'ambassadeur de Russie à laquelle on ne paraît pas avoir prêté grande attention : vous voulez contraindre le Sultan à des réformes, mais pour exécuter ces réformes, il faut de l'argent ; où le trouver ?

L'organisation militaire se ressent tout naturellement de la corruption des fonctionnaires et de la pénurie financière. D'après les annuaires allemands l'armée régulière compte deux cent cinquante mille hommes que les réserves peuvent porter à trois cent soixante-dix mille. Mais cette armée n'est belle que sur le papier. Au dire des spécialistes, à part les quatre brillants régiments qui défilent à la parade du Vendredi sur une des places de Constantinople, tout le reste présente le spectacle de bandes mal disciplinées, mal nourries, mal vêtues. Les officiers, à part d'honorables exceptions, donnent l'exemple de la dépravation, de l'avidité, et de la cruauté. On sait que les chrétiens sont exclus du service militaire, et l'habitude d'appeler les Kurdes réservistes pour renforcer l'armée régulière a été pour beaucoup, nous l'avons vu, dans la provocation et l'extension des massacres.

De ce tableau ressort une conclusion bien nette : la responsabilité des orgies barbares qui ont ensanglanté la Turquie d'Asie et Constantinople remonte au Sultan lui-même et en particulier à son entourage immédiat, au Palais.

Les représentants des États européens ont été jusqu'à présent impuissants à briser ces influences occultes, mais s'ils n'ont encore abouti à aucun résultat sur le terrain de la diplomatie, rendons hommage au courage qu'ils ont déployé pour sauver le plus grand nombre possible de victimes. J'aime à citer cette page récente de M. de Vogüé : « Consolons-nous avec la pensée que nos agents « d'Orient se sont montrés dignes de leur vieux renom. Les Armé- « niens n'ont que des éloges pour l'inépuisable dévouement de ces « agents. Notre ambassadeur à Constantinople a singulièrement « grandi dans cette crise et nous devons des remerciements res- « pectueux à la plupart de nos consuls d'Asie. Il faut avoir vu sur « place ces existences sacrifiées pour comprendre ce qui se dépense « d'héroïsme obscur dans telle maisonnette d'exil, aux bords de « l'Euphrate ou du Tigre ; dans la bourgade turque où le vice- « consul de France, écrasé sous le poids d'un grand passé dont il « conserve les charges, consume une vie isolée, ingrate, souvent « exposée aux plus sérieux dangers, loin de tout secours, de tout « réconfort d'âme, en lutte perpétuelle avec les autorités locales, « toujours sous le coup d'un désaveu s'il est trop ferme, d'une répri- « mande s'il cède. . . . .

« Retenons les noms de M. Carlier à Sivas, de M. Meyrier à « Diarbékir : retenons aussi les noms de Mme Carlier et de Mme Mey- « rier. Ces modestes et glorieuses femmes, ont sauvé des centaines « de vies humaines. Leur rendre un hommage qui rejaillit sur notre « pays, cela vaut mieux que de rechercher plus haut, avant l'heure, « des responsabilités peu définies. »

Si l'heure des responsabilités n'est pas encore venue, celle de la solution approche. Quel sera le dénouement ? La lutte des Candiotes, l'intervention armée de la Grèce, l'attitude énigmatique de l'Angleterre et de l'Autriche, l'embarras des autres Puissances, les premières oscillations de la Bourse commencent à troubler la quiétude publique. Mais les gouvernements ne se laissent plus interroger. Le Président du Conseil répond à la Chambre française que la gravité des circonstances lui commande le silence. On sait seule-

ment que les Puissances ont élaboré, non sans difficultés, un plan
de réformes et que ce plan sera soumis au Sultan après le temps clos
du Ramadan. Un proverbe turc nous apprend que renvoyer aux fêtes
du Baïram, c'est, comme nous disons, attendre Pâques ou la Trinité.
Gagner du temps est une habileté fort élémentaire, mais les événements, sous la main de Dieu, marchent plus vite que les délibérations des diplomates. Qui sait si cette fin de siècle ne nous réserve
pas comme dernières éphémérides — au prix de quels sacrifices et
dans quels flots de sang — la liquidation définitive de l'Empire
Ottoman ?

III

Les événements, sous la main de Dieu, marchent plus vite que
les délibérations des diplomates, disais-je à la fin de la précédente
étude. Or depuis deux mois, quelle succession inopinément accélérée
de faits plus ou moins contradictoires et déconcertant tous les
calculs !

Soulèvement des Candiotes, débarquement en Crète de troupes
grecques à travers les escadres européennes qui les laissent prendre
terre ; ces troupes à peine installées dans des positions presque
inaccessibles, déclaration du blocus, dit pacifique, qui oblige les
forces bloquantes à ravitailler en partie les populations bloquées ;
envoi de soldats français, anglais, italiens, russes, pour faire le service ingrat d'une sorte de gendarmerie internationale ; puis, sur la
frontière de Macédoine, concentration, à quelques lieues de distance,
des armées de la Grèce et de la Turquie, escarmouches entre les
corps irréguliers précédant une déclaration de guerre dans laquelle
chacune des parties se renvoie avec pièces à l'appui le reproche de
l'agression, premières défaites des Grecs démenties, augmentées ou
atténuées par cent dépêches équivoques, tel est le bilan de ces
quelques semaines surchargées. Imaginez un conseil de famille composé de personnages très graves délibérant très posément sur les
griefs de pupilles martyrisés et rançonnés par le pire des tuteurs.
Survient un parent pauvre qu'on n'avait pas convié à ces doctes
réunions ; c'est le cousin le plus proche des opprimés, mais c'est
aussi un enfant terrible, criant tout haut ce qu'il veut, fourra-
geant à travers formules et grimoires, et courant tendre la main à

ceux qu'il aime et qui l'appellent. Le gros bonnet de la famille
européenne fronce le sourcil ; à ce signal, tous tombent sur l'impor-
tun, le morigénant de la belle façon, le fustigeant en effigie au
moyen d'un bombardement qui consomma la ruine de quelques pro-
priétaires fort innocents, et finissant par condamner quelques-uns
des siens au pain sec par l'établissement d'un blocus partiel. Plus de
délibérations sur le sort de ceux qu'il s'agissait de protéger ; on
abandonne la confection laborieuse des lisières qu'on ne savait, du
reste, comment présenter au tuteur indigne, et, l'enfant terrible
ayant osé en venir aux mains avec ce Goliath dégénéré, plusieurs
font des vœux pour que la correction soit complète et guérisse les
petits États voisins de toute envie d'imitation.

Le déplacement de la scène, les changements de décors, la sur-
prise de certains coups de théâtre, l'accompagnement sonore des
interpellations parlementaires et d'une presse renonçant tout à coup
à la sourdine, tout cela a détourné l'attention de la question Arménienne et les massacres des chrétiens ont été aussi vite oubliés que
longtemps ignorés. Ce n'est pas cependant que la situation se soit
améliorée : sans doute on ne procède plus par les vastes extermi-
nations dont le tableau fait encore frémir, les exécutions se conti-
nuent par petits paquets : on ne compte plus les victimes par milliers,
mais par centaines, c'est le chiffre que l'on a donné récemment de
celles qui ont été égorgées à Tokat : et partout et toujours même
complicité des fonctionnaires, même impunité des coupables. Il
semble vraiment que la politique turque marche lentement, mais
sûrement, à la réalisation de ce programme : pour résoudre la question arménienne, supprimer les arméniens.

Si quelqu'un peut se féliciter de la tournure que les événements
ont prise, c'est à coup sûr le Sultan. Il ne pouvait rêver une diver-
sion plus heureuse. Il a ainsi détourné le breuvage amer des réformes, savamment composé par les empiriques internationaux : il
a si habilement exploité leurs dissidences et leurs rivalités qu'ils
ne savaient plus eux-mêmes quand il conviendrait de lui en soumettre
la formule. S'il y a eu un succès diplomatique dans ces fastidieuses
négociations de trois années, il est tout entier à son actif ; car sans
rien abandonner, sans rien promettre, sans rien sacrifier de l'abso-
lutisme de son autorité, il a vu proclamer comme un dogme l'inté-

grité de l'Empire ottoman. L'expression, quelque peu pittoresque et vulgaire d'un haut personnage étranger, est bien vraie : Abdul-Hamid nous a tous roulés ! Qu'à ce premier sourire de la fortune vienne s'ajouter dans quelques jours le prestige de la victoire et l'on en fera peut-être un héros incompris. Déjà le langage officiel s'habitue à qualifier les Crétois d'insurgés, on en viendra à donner ce nom à tous les mécontents, c'est-à-dire aux chrétiens, et le Sultan Rouge sera réhabilité comme une Souverain légitime défendant ses droits contre la Révolution !

Les Puissances ne peuvent guère se vanter d'avoir abouti à un résultat quelconque, mais les Chancelleries s'extasient devant le maintien du concert européen. Magnifique formule qui conquiert les majorités, parce que n'offusquant personne, elle permet à chacun d'y sous-entendre ce qu'il veut, parce que n'obligeant à rien, elle laisse ignorer où commence et où cesse l'accord ! En somme, ce fameux concert ressemble de fort près aux tâtonnements préliminaires et peu harmonieux d'un orchestre qui cherche le la et hésite encore sur le choix de la partition. Le programme des réformes est rentré dans les cartons, et les seules mesures énergiques ont été prises contre un petit peuple dont le seul tort était de ne pas bien comprendre ce que signifiait l'autonomie, d'ailleurs très mal définie, qu'on lui offrait. Une seule chose vraiment nouvelle est née, vaille que vaille, de l'entente des puissances, c'est l'envoi simultané de quelques bataillons de toutes les nationalités, l'allemande exceptée, dans les mêmes parages, pour la même action, et sous le même commandement. C'est la première fois, je pense, qu'on voit cinq pavillons couvrir simultanément la même œuvre de pacification et de police.

Les péripéties qui ont élargi le problème en rendent les solutions plus lointaines et plus obscures que jamais. Bien téméraire celui qui prétendrait faire pénétrer la seule lumière des principes juridiques à travers les duplicités, les réticences, les convoitises et les illusions qui s'entrechoquent comme les écumes des vagues démontées. Nulle querelle internationale n'a mieux prouvé le défaut d'harmonie qui règne entre les règles incomplètes du droit des gens et les procédés obscurs de la diplomatie. Pour n'en citer qu'un exemple pris chez les meilleurs hommes d'état, n'est-il pas remarquable de voir en

Angleterre lord Salisbury abandonner comme ministre la politique qu'il avait bruyamment préconisée comme chef d'opposition et M. Gladstone afficher non moins bruyamment des passions ou des réprobations qui cadrent mal avec les actes de son gouvernement?

Essayons cependant de dégager les principales difficultés qui rendent si ingrate, si complexe et si incertaine la tâche de la diplomatie et d'étudier sommairement les projets de solution que les publicistes ont suggérés avec plus ou moins de désintéressement et d'autorité.

§ 1.

Les Parlements de France, d'Italie, d'Angleterre et d'Allemagne ont retenti des interpellations provoquées par les événements d'Orient, et les gouvernements ont dû, je ne dirai pas, éclairer l'opinion et expliquer la conduite de leur politique commune, mais tout au moins donner pour la forme une satisfaction à la curiosité publique. Partout on s'est contenté de réponses savamment alambiquées d'où l'on comprenait seulement que les puissances avaient réussi, non sans mal et sans à-coup, à se maintenir d'accord pour ne rien faire. Nulle part, dans le langage officiel, les mots de droit, de justice, de devoir, n'ont été prononcés ; il n'y a jamais été question que d'intérêts, et c'est pour ne pas troubler les intérêts que les majorités complaisantes faisaient mine d'avoir compris le sens caché des déclarations ministérielles et donnaient leur confiance à une politique dont nul ne pouvait se flatter d'avoir saisi la direction.

Quels sont donc ces intérêts dont le conflit réduit à l'inertie le rôle des États qui se sont réunis dans la loyale intention de prendre en mains la protection des chrétiens d'Orient? Ils sont si multiples et surtout si enchevêtrés que, pour en dégager les plus clairs, il faut regarder séparément en Europe et en Asie mineure.

En Europe, la péninsule des Balkans est livrée au conflit des nationalités des petits États et aux convoitises, plus exactement aux jalousies des grands.

Tout le monde connaît la prétention des Grecs contenue dans ce mot devenu fatidique, l'Hellénisme. A leurs yeux la grande majorité de la population en Macédoine, dans l'Épire et ailleurs se rattache à leur famille par tous les caractères ethnographiques, la communauté de religion, les ressemblances de mœurs, les similitudes de langage, et l'antiquité des traditions. Au nom du principe des nationalités, ils revendiquent la presque totalité de la Turquie d'Europe, et rêvent de reconstituer l'empire Byzantin et de remplacer Athènes par Constantinople. C'était déjà le projet de la grande Catherine ; il est vrai que l'Impératrice entendait réserver à un archiduc le nouveau diadème pour faire de ce domaine une succursale de son propre empire. Cette chimère grandiose est devenue chez les Grecs une aspiration populaire, ancrée, pour ainsi dire, au cœur de tous et inséparable du sentiment patriotique. On a pu en rire dans certains milieux, mais il n'est pas banal, par ce temps de snobisme, de voir des gens donner leur sang pour une idée et l'on peut conclure de tant de sacrifices que cette idée est vraiment grande.

L'erreur a été de grossir à plaisir l'élément grec de la péninsule, et à force d'y comprendre ce qu'on appelait les hellénisés, de supprimer les autres éléments. Or, ceux-ci, loin d'être une quantité négligeable, affirment une vitalité aussi énergique, quoique moins tumultueuse. Bulgares, Serbes, Roumains à l'Est et au centre, Monténégrins, Albanais et autres à l'Ouest, tous ces groupes font valoir l'antiquité de leur famille, la pureté de leur sang, l'originalité de leurs institutions, et, revendiquant le droit à l'existence, repoussent l'invasion de l'hellénisme. Chaque parti possède des avocats éloquents et convaincus ; chaque thèse se hérisse d'arguments de scientifique apparence. C'est à tel point que l'on ne peut plus se fier aux statistiques ni aux cartes, car les groupements marqués par les chiffres ou les couleurs varient suivant les préférences de l'auteur même du dénombrement. J'emprunte, à titre de renseignement, le tableau le plus récent aux Annales de l'École des sciences morales et politiques et j'y lis la décomposition suivante des cinq millions trois cent mille habitants de la Turquie d'Europe :

Albanais	1.400.000	Juifs	165.000
Turcs	1.300.000	Arméniens	50.000
Roumains	1.200.000	Tartares	35.000
Bulgares	700.000	Tsiganes	40.000
Serbes	175.000	Étrangers divers	65.000
Grecs	170.000		

En la comparant avec d'autres travaux du même genre, on se rend facilement compte que l'élément roumain ou arman a été grossi aux dépens de l'élément grec. Inutile de dire quelle en est l'origine.

Quoi qu'il en soit des chiffres, les divisions ne sont pas seulement marquées par des discussions d'école dans un intérêt purement théorique. Elles existent à l'état de rivalités journalières dans chaque région et presque dans chaque localité. Elles se manifestent surtout dans l'ordre religieux ; chaque nationalité prétend avoir sa religion nationale, et à ce titre, son clergé, ses églises, ses écoles. C'est ainsi que dans ce moment même les gouvernements de la Serbie et de la Bulgarie, profitent des embarras de la Porte Ottomane pour insister sur la collation de nouveaux bérats, c'est-à-dire de nouveaux décrets instituant en plusieurs endroits de la Macédoine des évêchés rattachés aux Eglises de leur pays et soustraits à l'autorité du Patriarche grec. C'est ainsi encore que si certains journaux philhellènes ont parlé d'une ligue entre le Monténégro et les deux États que nous venons de citer pour s'allier à la Grèce et prendre l'armée turque entre deux feux, ils se sont fait de singulières illusions en réconciliant des frères ennemis et en oubliant que les ambitions grecques n'ont pas d'adversaires plus acharnés que les autres chrétiens de la Péninsule. Le groupe slave notamment, plus méthodique et plus patient, a appris par expérience la valeur des concessions de détail ; il sait que le temps travaille pour lui et ne voudra pas compromettre les résultats acquis. Et l'union se fit-elle pour une action simplement militaire, elle se romprait au lendemain de la guerre, et les antagonismes reparaîtraient d'autant plus virulents que les appétits auraient été plus surexcités.

Le conflit des nationalités demeurera encore longtemps insoluble — aussi longtemps que les centres d'attraction des différents groupes n'auront point fait sentir leur influence et par les émigrations réciproques de familles assigné à chacun d'eux des limites géographiques plus précises.

Pour être plus mobiles, les jalousies des Puissances n'engendrent pas de moindres complications, d'autant plus que personne ne peut se flatter de les deviner toutes et que le domaine de l'inconnu est ici indéfini.

L'Autriche à qui le traité de Berlin a remis en dépôt — c'est aujourd'hui l'expression à la mode — la Bosnie et l'Herzégovine, n'entend pas les restituer et ne dissimule pas son envie de donner plus d'élasticité à leurs frontières. Plusieurs même lui prêtent la visée d'aller d'un bond, si l'occasion s'en présentait, chercher une sortie dans le golfe de Salonique. On a comparé son empire multicolore à un habit d'arlequin ; l'adjonction de quelques damiers serait peut-être un dérivatif heureux à ses embarras intérieurs.

L'Allemagne verrait avec plaisir l'agrandissement de son alliée. Elle a paru ne porter qu'un assez médiocre intérêt à la tragédie arménienne : les massacres ne l'ont pas émue, et, quand après de laborieux pourparlers, les Etats ont obtenu le doublement des stationnaires, elle a prétexté que son unique bâtiment disponible était retardé dans un chantier de réparations. Mais quand la Grèce est entrée en scène, elle a provoqué le blocus de la Crète ; son cuirassé a lancé les premiers obus, et les plus nombreux, paraît-il, sur les villages crétois. Par une sorte de contradiction qui n'est qu'une habileté nouvelle, elle n'a pas fourni son contingent aux troupes internationales de débarquement, mais la guerre une fois déclarée, on a su et ses journaux s'en sont vantés, que les états-majors turcs étaient conseillés par des officiers allemands en rupture de garnison, et que l'on allait rééditer dans les plaines de Larissa, pour l'édification des tacticiens, les merveilles du mouvement tournant admiré à Sedan. Etait-ce uniquement pour venger les dissensions intimes de la famille impériale ou pour satisfaire les rancunes pécuniaires des créanciers germaniques pris dans la déconfiture des emprunts grecs ? Ce serait bien mesquin. En soutenant les Turcs, la chancellerie allemande donne la main à la diplomatie russe dans sa moderne évolution ; en prenant parti contre les Grecs, elle espère manier le coin qui amènera quelque dislocation dans l'alliance franco-russe. C'est, pour employer un grand mot, du pur machiavélisme, mais c'est très vraisemblable. Elle sait que la cause hellénique a rencontré en France ses plus francs défenseurs parmi les radicaux et les socialistes ; elle escompte peut-être quelque explosion du sentiment populaire et ne serait pas fâchée d'insinuer au Czar, prédisposé à voir dans l'hellénisme une des formes de la Révolution cosmopolite, que les amitiés les plus sincères peuvent par certains mélanges devenir compromettantes.

La souplesse proverbiale de la diplomatie italienne doit être mise à une rude épreuve. Si d'un côté il lui faut ménager les calculs de ses puissantes alliées, de l'autre elle ne peut rompre avec les doctrines qui sont la pierre angulaire de son unité nationale. L'Irrédentisme et l'Hellénisme sont des produits de la même origine et le même principe qui pousse les Grecs à enfler ce qu'ils considèrent comme leur patrimoine naturel incline aussi les ambitions italiennes vers quelque portion du versant oriental de l'Adriatique.

Les allures de la politique anglaise se perdent en silhouettes indécises dans la brume de son pharisaïsme traditionnel. Qu'elle ne néglige pas le petit profit de s'installer, au milieu du désarroi, dans quelque bonne station navale, c'est fort probable. Qu'elle ait poussé mystérieusement la Grèce aux aventures tragiques, c'est moins certain. En tout cas je ne me porterai pas garant de la sincérité de ces sympathies de fraîche date. La Grèce, toute pauvre qu'elle soit, est fière du progrès de sa flotte militaire et commerciale ; la découpure de ses côtes, l'analogie qu'elle présente avec la configuration géographique de la Grande-Bretagne la destinent à devenir, avec un bon gouvernement et après un long temps de calme, une puissance maritime de premier ordre. Or ce ne serait pas la première fois que la jalouse Albion ait embrassé une rivale, même de chétive apparence, pour la mieux faire écraser — par autrui et sans qu'il lui en coûte rien.

S'il faut en croire des témoignages autorisés, la Russie a renoncé pour le moment à toute velléité d'extension territoriale dans la péninsule des Balkans. Outre que l'ingratitude, ou, si l'on préfère, la reconnaissance intermittente des petits Etats slaves qu'elle a appelés à la vie l'a quelque peu découragée, elle sent que son orbite d'expansion se décrit de plus en plus et par je ne sais quelles forces fatales vers l'Asie. Le testament de Pierre-le-Grand a perdu sa signification et la possession de Constantinople, n'étant plus dans l'axe central, risquerait de compromettre l'équilibre de son vaste empire. Elle se soucie beaucoup moins de l'occuper, que d'empêcher l'occupation des autres. Depuis 1878, elle s'est constituée très franchement et très énergiquement la protectrice de l'Empire ottoman, parce qu'elle n'a rien à craindre d'un voisin décrépit et impuissant. La jeunesse d'un héritier heureux, l'orgueil d'un parvenu d'une noblesse toute fraîche lui réserverait de plus graves embarras et de plus constants soucis. Voilà pourquoi ses intérêts politiques l'éloignent de la Grèce, d'accord en cela avec la prétention jalouse qu'elle conserve de ne pas éparpiller l'influence directrice sur les membres de l'Église orthodoxe. Je sais bien qu'elle préférerait à toute conquête l'ouverture des Détroits fermés à sa flotte militaire, mais il ne lui déplaît pas d'en savoir la clef entre les mains d'un geôlier dont la gratitude viendrait, en cas de besoin, aider la complaisance intéressée. — Et la foi, dira-t-on, des conventions solennelles garantissant cette fermeture? — Obstacle illusoire; le traité de Londres de 1871 n'est pas plus sacré que le traité de Paris de 1856 et l'on sait que la Russie a profité des embarras de la guerre franco-allemande pour se prétendre dégagée de ses liens. N'oublions pas la parole de Pierre-le-Grand ; « Je n'ai que trop de terre, c'est de l'eau qu'il me faut. »

La France, est-il besoin de le dire, n'a pas de conquête à prétendre là-bas. Elle se trouve dans la situation la plus délicate. La nécessité de ménager une alliance dont l'étendue et l'objet même sont inconnus, paralyse sa liberté d'action et même de langage. Mais elle ne peut abandonner sa politique traditionnelle. De tout temps elle a prêté son concours aux peuples opprimés par la tyrannie des Turcs et à l'heure de l'épreuve elle en a recueilli des témoignages réels de reconnaissance. « Abandonnera-t-elle sa véritable souveraineté dans « une question qui intéresse la religion, et, avec elle, l'humanité, « les sciences, les arts, la liberté, la civilisation ? » Voilà ce qu'écrivait M. de Genoude en 1821, en saluant la naissance de la célèbre *Hetœria*, et il répondait au reproche de se rencontrer avec les organes de l'opposition : « On répète que les libéraux sont pour les « Grecs et qu'on ne peut pas penser comme eux. Mais quand les « libéraux parlent de justice et d'humanité, il faut donc que nous « proscrivions ces mots de notre langue ? » — En tout cas, puisque nous parlons d'intérêts, songeons que notre commerce méridional ne peut que perdre à un changement d'influences ou d'orientation, car les courants économiques obéissent tôt ou tard aux courants politiques. Gambetta n'obéissait pas à de l'enthousiasme pur, quand il aimait à recevoir les hommages de la Grèce.

Quittant l'Europe, jetons maintenant un rapide regard sur les choses d'Asie-Mineure.

Là, le conflit des nationalités met aussi en fusion les éléments les plus disparates et ce sera l'œuvre d'un avenir lointain d'en trier les résidus ; pour le moment, il est dominé par un antagonisme plus invétéré, par l'antagonisme des religions. S'il y a en Turquie un parti libéral qui accepte de bonne foi de faire une part aux chrétiens dans la vie publique et leur promet avec sincérité des garanties administratives et judiciaires, ces idées de justice sont loin d'avoir pénétré dans l'âme populaire, surtout en Asie. La parole de Montesquieu est toujours vraie : « La religion mahométane, qui ne parle « que de glaive, agit encore sur les hommes avec cet esprit des- « tructeur qui l'a fondée. » Le paysan turc, soumis comme rédif au service militaire aussi longtemps qu'il demeure valide, est le descendant fidèle des conquérants d'autrefois ; il méprise le chrétien comme un vaincu, un être vil, un esclave, et partager avec lui la protection des mêmes lois lui paraît presque un sacrilège.

Parmi les chrétiens, les divisions ne sont pas moins profondes. Ceux des rites catholiques sont loin d'être toujours unis ; ceux des groupes schismatiques se déchirent dans de mesquines compétitions et ce n'est pas à coups de bréviaires qu'ils terminent leurs querelles théologiques.

La rivalité des Puissances se ramène à des termes plus simples que dans les Balkans. On peut négliger l'Allemagne, l'Autriche et même l'Italie qui regarde plutôt vers la Tripolitaine. C'est un duel entre l'Angleterre et la Russie, un épisode de la lutte légendaire entre la baleine et l'éléphant.

L'Arménie turque confine à l'Arménie russe. Les huit cent quarante mille Arméniens qui peuplent celle-ci et l'ont amenée à un haut degré de prospérité entretiennent dans tous les genres des rapports ininterrompus avec leurs coréligionnaires, du même nombre à peu près, qui vivent sous la domination ottomane. Leurs aspirations, leurs habitudes, leurs affaires sont les mêmes. La frontière est indécise, et les voies de pénétration multiples et faciles. A l'époque des massacres, il eût été aisé aux troupes russes du Caucase de s'installer en quelques jours au cœur même du pays et cette occupation eût arrêté l'effusion du sang. Personne n'eût été surpris de ce mouvement et l'Angleterre elle-même a insinué à sa puissante rivale le conseil de l'opérer. Pourquoi le gouvernement russe est-il demeuré sourd à cet appel qui concordait si bien avec son programme d'expansion autour de la Mer Noire? Pourquoi a-t-il dédaigné la possession de ce rivage riche en villes de haut commerce qui le rapprocherait des détroits, et lui permettrait même de prendre Constantinople à revers? Ne cherchez pas la réponse ailleurs que dans l'éternelle question d'Égypte. Occuper l'Arménie, c'était consolider l'occupation anglaise sur les bords du Nil ; le Cabinet de Saint-Pétersbourg n'a pas voulu fournir cet argument aux ergoteurs de Londres qui sentent que l'Europe commence à se lasser du monotone refrain : nous promettons d'évacuer demain. Le piège était trop grossier, et comme l'annexion de l'Arménie paraît fatale, il lui paraît préférable d'attendre, sans donner de gage, que le temps fasse son œuvre.

Ce masque de désintéressement dissimulait, du reste, fort mal un autre objectif de la diplomatie anglaise. On oublie quelquefois qu'elle a obtenu Chypre en récompense des services rendus à la Turquie en 1878 et de la peine qu'elle a prise pour enlever à la Russie le bénéfice de ses victoires. Or ce n'est pas dans un intérêt purement maritime qu'elle tient à ce poste. Jetez les yeux sur une carte. Vous verrez que Chypre n'est pas loin de la côte, et que sur la côte s'ouvre la longue vallée de l'Euphrate qui conduit tout directement et sans grand obstacle au golfe Persique. Voilà une voie tout indiquée vers les Indes ; déjà une amorce de chemin de fer la signale. Peut-on supposer que l'Angleterre dédaigne ce nouveau débouché ou accepte l'éventualité de se le voir disputer ?

Le tiraillement de ces intérêts contradictoires a provoqué l'avortement, ou plutôt l'action négative des deux diplomaties dans les affaires d'Orient. De peur d'augmenter l'influence de l'une dans la direction convoitée par l'autre, elles ont cherché à se paralyser et n'ont rien fait pour les pauvres persécutés.

Ces malheureux pouvaient compter plus sûrement sur la France. Notre patrie n'était pas suspecte d'ambition territoriale, et l'absence d'intérêts matériels lui donnait une autorité et une dignité à nulle autre pareilles. Elle pouvait élever la voix pour faire valoir les trois

titres qui justifient son intervention. Tout d'abord, et j'emprunte ici l'éloquent résumé de M. Vandal, « la France en vertu de ses ancien-
« nes capitulations et surtout d'une longue possession, d'une longue
« usance, exerce un droit de protection officielle sur les missions
« catholiques, c'est-à-dire sur les établissements fondés en Turquie
« par des religieux latins venus de toutes les parties de la catho-
« licité, vivant dans le Levant en étrangers et non sujets du sultan...

« En second lieu la France, toujours en vertu d'une longue tra-
« dition, exerce un droit de patronage, non pas officiel, mais offi-
« cieux, sur les groupes de catholiques indigènes, de catholiques
« orientaux, qui sont parsemés ou clairsemés dans les Etats du
« Sultan, par exemple les Maronites du Liban, les Arméniens ca-
« tholiques, etc....

« Seulement, il y a encore autre chose, il est un troisième côté
« de la question, plus vaste, plus ample : il y a ce fait que la
« France, en Orient, a été de tout temps la main secourable tendue
« à tous les opprimés, aux faibles, aux humanités souffrantes. On
« a dit que la France avait grandi dans le monde par la conspira-
« ration des opprimés ; c'est particulièrement exact en Orient. Là,
« ce sont nos œuvres qui ont fait nos droits, nos devoirs et l'histoire
« de nos interventions successives, c'est l'histoire du progrès de
« l'humanité. »

§ 2.

Ce trop long exposé, encore incomplet pourtant, montre suffisamment quels multiples obstacles embarrassent et reculent la solution
de la question d'Orient. M. Cousin, parlant de ce perpétuel mourant
qu'est l'Empire turc, disait, il y a soixante ans : la fosse est
creusée, mais les fossoyeurs ne s'entendent pas. Ce n'est pourtant
pas faute de programmes et de plans. Quelle est la valeur des plus
simples et des plus pratiques, c'est ce qui nous reste à examiner.

Faut-il insister sur une proposition qui a été sérieusement émise,
mais dont la simplicité va jusqu'à la naïveté ? Puisque la responsabilité de tout le mal, la corruption administrative, le désordre financier, l'organisation des massacres remontent au Sultan lui-même,
visons la tête, a-t-on dit, provoquons la déposition du Commandeur

des croyants. Un changement de maître chassera la tourbe qui empêtre les principaux rouages de la machine gouvernementale, et, sur nouveaux frais, avec un personnel tout neuf, on pourra plus facilement procéder aux réparations indispensables et obtenir une marche plus régulière. C'est de la politique à courte vue. On n'est plus à compter, dans l'histoire de l'Empire ottoman, les révolutions de Palais ; une convulsion de plus ne rendrait pas la vie à un corps gangrené jusqu'à la moëlle. Ce serait une complication nouvelle, parce qu'un Sultan ne se chasse pas comme un vulgaire souverain. Il reçoit à son avénement l'investiture du chef suprême du Clergé, du Cheick-ul-Islam et en garde le caractère sacré jusqu'à ce qu'il ait été effacé par une investiture nouvelle : il faudrait donc la complicité de ce pontife qui résisterait probablement aux injonctions des puissances chrétiennes et dont le refus, plus ou moins dissimulé, pourrait avoir les répercussions les plus inattendues, grâce à l'autorité mystérieuse qu'il exerce sur les sociétés secrètes du mahométisme. Ce serait aussi une complication inutile, car le successeu vaudrait-il mieux que le Sultan déchu ? L'héritier présomptif d'Abdul-Hamid est à peine connu par son nom, Raschid. On sait de lui que suivant la tradition de la famille impériale, il est quasi-prisonnier dans le château de Chéragan, tenu à l'écart des affaires et plongé dans l'abondance abrutissante des voluptés orientales. Quel prestige et quelle garantie !

D'autres parlent, non plus de détrôner le Sultan, mais de l'exproprier pour cause d'humanité. C'est une autre solution radicale. Il est facile de convenir de la nécessité du partage, il est incomparablement plus difficile de savoir comment partager. Ce n'est pas que l'Empire ottoman trouve un rempart inviolable dans le fameux principe de l'intégrité, pompeusement proclamé comme un axiome irréductible à la tribune des Parlements. On ne le fait sonner si haut que pour se donner à soi-même l'illusion d'y croire, et l'on n'en ferait pas tant d'étalage si on le croyait si solide. Tous les Traités de ce siècle contiennent la même solennelle affirmation, et, quelques lignes plus bas, consacrent non moins solennellement la séparation d'une ou de plusieurs provinces. L'Angleterre a la spécialité de renouveler le miracle de garantir cette intégrité en la déchiquetant à son profit. C'est l'histoire de certains chevaliers de grand chemin qui dépouillent poliment le voyageur de la moitié de sa bourse pour protéger le reste. On se demande comment des gens graves ont pu tout dernièrement accoupler sans sourire ces deux propositions : intégrité de l'Empire ottoman, autonomie de la Crète, comme si rendre une province autonome n'était pas la détacher de l'Etat dont elle dépendait.

La meilleure défense de la Turquie contre une liquidation imminente réside uniquement dans le conflit des nationalités qu'elle gouverne, dans les rivalités des peuples qui l'entourent et dans les envieuses dissensions des puissances qui la protègent. Et l'on ne s'étonne pas de cette impossibilité pratique du partage, quand on constate que dans la théorie les mêmes contradictions se rencontrent. Il y a beau jour que dans les universités, dans la presse, dans mille brochures et dans tous les langages, de bons esprits se sont évertués à développer des projets de répartition et des lotissements savants. L'un propose tout simplement de rejeter les Turcs en Asie, et consent à leur y laisser l'Anatolie comme leur habitat normal, sans songer que ce voisinage rendrait bien précaire la situation du souverain quelconque de Constantinople, séparé par un simple canal de ces expropriés mécontents et vindicatifs. L'autre est féru de l'idée tout opposée : il fait aux Arméniens, aux Syriens et autres chrétiens la part si belle dans l'Asie-Mineure qu'il n'y reste presque rien aux Turcs condamnés à se contenter en Europe de la fourche extrême des Balkans. Un troisième rêve est de faire de Constantinople une ville libre, n'appartenant à personne et soustraite par je ne sais quelle magie aux convoitises voisines.

Le plus grand nombre — avec des détails très différents — se contentent d'élargir, dans des proportions sur lesquelles ils ne s'entendent pas, les frontières des États actuels augmentés d'un nouveau venu pour lequel ils découpent un domaine dans la partie sud-est de la Péninsule et recommandent très chaudement l'établissement d'un lien fédératif entre ces différents groupes indépendants. Mais n'est-ce pas supposer entre ces groupes des sympathies et une communauté d'intérêts qui n'existent pas encore ? A-t-on oublié la guerre qui mit aux prises deux peuples vraiment frères, la Serbie et la Bulgarie ? Ne venons-nous pas de constater, pour ainsi dire, sur le vif, les sentiments de ces populations qui sont demeurées indifférentes à l'appel des Grecs, alors qu'il semblait qu'un même élan allait les emporter à l'expulsion de leurs oppresseurs ? La forme constitutionnelle de la fédération est une forme savante qui ne paraît pas convenir aux peuples nouvellement nés à l'indépendance, à moins qu'ils ne soient tout à fait homogènes. Pour qu'elle produise des effets harmoniques, il faut qu'on sache discerner nettement les intérêts communs, base des affaires communes ou fédérales, des intérêts particuliers laissés à la libre réglementation de chaque associé. Or cette sélection ne peut se faire que par un apprentissage déjà long de la vie politique ; sinon la fédération risquant de trop centraliser ou au contraire de ne pas serrer suffisamment, l'union deviendra stérile ou même dangereuse pour la paix commune.

Je n'ai de préférence pour aucun de ces projets, parce qu'aucun ne me semble actuellement réalisable et que tous sont dans les nuages. L'inertie ou l'impuissance des populations intéressées les ajourne à une date indéfinie et les succès que le Sultan vient de remporter reculent pour elles l'heure de l'émancipation sous n'importe quelle forme. Il me paraît cependant que la question est mûre pour les régions qui sont immédiatement en bordure du Monténégro, de la Grèce, de la Serbie et de la Bulgarie. Des annexions opportunes sont indiquées par la ressemblance presque complète des habitants, mais je doute qu'elles se fassent d'ici longtemps. La difficulté sera toujours d'en déterminer l'exacte limite. Mais je ne vois pas à quel titre ces projets d'émancipation pourraient s'appliquer au cœur même de la péninsule, et partout où l'élément musulman domine. Pour ne pas aimer les Turcs, on n'est pas forcé de les condamner en bloc, et de leur dénier tout droit à la propriété d'un sol acquis par une possession séculaire. Là, leur fanatisme s'est émoussé au contact des autres races ; ils ne sont pas dépourvus de qualités sérieuses, et, sous un gouvernement modéré et honnête, les progrès de la civilisation ne manqueraient pas de faire produire au Coran ce qu'il contient réellement d'humain et de grand.

L'affranchissement de la péninsule balkanique est donc encore lointain. Pour le produire, il faudra la mise en action de facteurs nouveaux. L'histoire nous apprend que dans la formation des États hétérogènes, le mouvement de la sève en travail, après des agitations incertaines, finit par subir l'impulsion d'une influence unique qui prépare au profit d'un des éléments en conflit l'absorption ou la fusion des autres. Cette influence directrice peut être intérieure, elle vient tantôt du pouvoir central, tantôt d'une féodalité puissante, souvent de l'analogie progressive des franchises ou des libertés provinciales et municipales, quelquefois de la coalition des intérêts économiques et commerciaux. Elle peut aussi provenir du dehors et de la politique d'un puissant État voisin. Dans les Balkans nous n'apercevons pas jusqu'à présent cette influence intérieure qui pourrait mettre l'harmonie parmi tant de prétentions contradictoires, et créer enfin le courant vers la constitution définitive des unités nationales. Le moteur le plus puissant, le plus actif, a été l'hétairie grecque, cette vaste association qui a groupé toutes les forces intellectuelles d'un peuple ardent et compte dans son sein depuis le commencement du siècle, tout ce que le monde hellénique possède d'hommes énergiques et éclairés dans le clergé, dans l'armée, dans les lettres, dans les sciences. Il vient de perdre une bonne partie de son crédit dans l'aventure militaire qu'il a imprudemment provoquée.

Quant à l'influence extérieure, elle ne viendra ni de l'Autriche ni de la Russie, parce que toutes les deux ont intérêt à conserver entr'elles ce que l'on est convenu d'appeler des États tampons, et que les coussins les plus élastiques sont ceux dans lesquels on entretient habilement l'opposition des intérêts et la division des forces à la façon de ressorts aux multiples combinaisons. On peut conjecturer que plus tard le rôle prépondérant appartiendra à deux souverainetés qui figurent aujourd'hui au second plan, à la Hongrie et à la Roumanie. La première est destinée à se séparer de l'Autriche : elle cherchera tout naturellement une compensation parmi les groupes qui dans la péninsule présentent des affinités multiples avec ses propres éléments. La seconde, grâce à sa politique prudente et avisée, au développement de sa culture intellectuelle, à l'augmentation progressive de son commerce, à la pénétration lente de son clergé, est appelée, malgré l'éloignement, à jouer un grand rôle dans l'évolution définitive des diverses nationalités.

Il faut donc reléguer dans le domaine de la théorie les solutions que l'on pourrait appeler radicales. Restent les expédients et les moyens d'attente.

Pour la Crète, l'Europe a pris un engagement dont elle ne peut se départir. Elle a promis l'autonomie sous la suzeraineté de la Porte ottomane, c'est-à-dire l'indépendance mitigée par une soumission purement vassalitique à l'égard du Sultan. Mais elle eut le grand tort de laisser entendre que cette autonomie serait réglementée par elle et que les Candiotes recevraient de sa main un prince étranger choisi hors des dynasties régnantes. C'était diminuer quelque peu la valeur du cadeau, c'était surtout beaucoup de complications pour des esprits simplistes. Les Crétois ont des raisons toutes spéciales pour s'appliquer à eux-mêmes le proverbe :

Timeo Danaos et dona ferentes.

Ce défaut de clarté a été pour beaucoup dans la prolongation de l'insurrection. Mais si les Puissances ne peuvent manquer à leur parole, attendons-nous à ce que la Sublime-Porte argumente de ses récentes victoires et du dogme de l'intégrité de son empire pour enlever à la Crète ce mirage de liberté si souvent entrevu ; attendons-nous à voir derrière les résistances du Divan les inspirations et les compliments de saveur allemande. Et puis de quels ingrédients la cuisine du Concert européen va-t-elle accommoder ou agrémenter cette autonomie ?

Pauvre peuple, il avait fait un beau rêve : grec d'origine, de langue, d'éducation, de mœurs, de religion, il caresse depuis si longtemps la chimère de s'unir à la mère-patrie. En 1827 l'article 2 du traité de Londres ne fait pas de différence entre la Grèce et les îles de la Grèce et semble bien les unir dans la même organisation. En 1866 le prince Gortchakof annonce cette solution comme la plus raisonnable dans une note qu'on croirait datée d'hier : « Si les puis-« sances veulent sortir de la voie des expédients et des palliatifs, « nous ne voyons qu'une issue possible, c'est l'annexion de Candie « au royaume de Grèce. L'île de Candie a pris une part aussi active « que le reste de la Grèce à la guerre de l'indépendance hellénique. « C'est par un acte de faiblesse que l'événement prouve en même « temps avoir été un faux calcul, qu'à cette époque les cabinets ont « refusé de l'adjoindre au royaume hellénique. — En réparant au-« jourd'hui cette faute, ils consolideraient leur œuvre, raffermi-« raient en Grèce le principe monarchique et le pouvoir du roi

« Georges. — Si cette combinaison paraissait trop radicale, au
« moins pourrait-on faire de l'île de Candie un Etat autonome, lié
« à la Porte par un simple lien de vassalité... Ce serait une transi-
« tion vers l'annexion finale de cette île à la Grèce, solution qui tôt
« ou tard nous paraît inévitable. »

En 1897, la diplomatie vient de recommencer ce que ce grand
diplomate appelait un faux calcul et une faute. La réalisation de sa
prophétie n'en sera que retardée, car des formules et des règlements
ne peuvent entraver la marche fatale des forces de la nature. « L'attraction ethnographique, écrivait M. de Laveleye, agit à la façon des
lois naturelles ; « elle peut se comparer à l'attraction cosmique de
« la gravité ou aux attractions chimiques. L'homme d'État peut s'en
« servir, non l'anéantir. » Que les Crétois acceptent patiemment le
demi-bienfait que l'Europe leur offre. Ils ne la verront pas toujcurs
faire sentinelle dans leurs eaux, et ce n'est pas une chaîne bien
lourde qu'un bail avec un prince d'occasion.

L'autonomie proposée à la Crète semble de prime abord le régime
acceptable pour l'Arménie. La cause n'est pas moins sympathique,
les souffrances ont été les mêmes et la liberté est achetée au même
prix, le prix du sang. Cependant cette solution ne sera pas et ne
peut pas être adoptée.

Tout d'abord — et cette raison toute pratique dispense de s'appe-
santir sur les autres — la Russie n'en veut pas. Elle sait que tôt ou
tard l'Arménie lui appartiendra : elle sent que l'Arménie Russe qui
se trouve bien du régime qu'elle lui a donné entraîne dans son orbite
par le magnétisme latent de sa prospérité même la destinée de sa sœur
d'Asie-Mineure ; elle l'occupera à l'heure qui lui plaira et l'Angleterre
elle-même, après s'être exclamée, devra accepter le fait accompli parce
qu'elle n'aura pas le moyen de l'empêcher. Dès lors son intérêt
s'oppose à la constitution sur sa frontière d'une principauté libre
qui troublerait ses visées et donnerait peut-être aux Circassiens des
désirs d'indépendance dont elle a à cœur d'étouffer le germe.

D'ailleurs cette solution ne serait pas durable ni surtout suffisante.
Elle ne serait pas durable, parce que, pour constituer un État, il faut
à la base une nationalité compacte. Or si les Crétois composent la presque totalité de la population de la Crète, les Arméniens sont surtout
hors de l'Arménie. Ils y figurent à peine pour 28 %. La majorité

musulmane serait donc sacrifiée et préparerait, dès le lendemain de l'autonomie, la dissolution de l'être hybride artificiellement créé. Elle ne serait pas suffisante, parce que, comme on l'a vu, les barbaries et les exactions de l'administration turque ont débordé de l'Arménie, avec la même intensité, sur les autres provinces de l'Asie-Mineure. C'est partout le même mal. On ne saurait trop le répéter. La question arménienne n'est pas une pure question de géographie; elle met en jeu l'existence de tous les chrétiens d'Orient.

Reste donc le système des réformes. Il n'a pas le mérite de la nouveauté, et l'histoire des promesses de la Turquie est suffisamment instructive. Sa diplomatie a maintenu avec une rare constance la ligne de conduite qu'elle suit encore aujourd'hui avec le même succès: épiloguer sur le programme proposé, promettre avec emphase le minimum enfin concédé, ne rien exécuter du tout. On a raconté ailleurs cette longue comédie. Rappelons seulement que dès 1839 un firman solennel daté du kiosque des Roses, le firman de Gulhâné, affirmait la volonté de donner aux chrétiens l'égalité civile, la liberté religieuse, des garanties administratives, des soulagements fiscaux. En 1856, le traité de Paris constate dans l'art. 9 que « S. M. I. le Sultan, dans sa constante sollicitude pour le bien « être de ses sujets a octroyé un firman qui, en améliorant leur sort « sans distinction de religion ni de race, consacre ses généreuses « intentions envers les populations chrétiennes de son empire. » Les Etats y ont même la délicatesse d'affirmer qu'ils n'y sont pour rien et la naïveté de renoncer à surveiller l'exécution de cet acte mirifique. En 1878 la formule s'est débarrassée de ce miel tout oriental ; on a lu plus haut l'article 61 du traité de Berlin qui répète pour les Arméniens l'engagement très formel que l'article 23 contenait déjà en faveur des Crétois et réserve aux puissances un droit de contrôle périodique. Je passe d'autres documents et j'arrive en 1895. Le 20 octobre, une note verbale était remise par la Sublime Porte aux ambassadeurs de France, de Russie et d'Angleterre. Elle était ainsi conçue : « S. M. I. le Sultan, ayant bien voulu dans sa haute « sollicitude pour le bien être de ses sujets, sans distinction de race « et de religion, sanctionner spontanément le plan des réformes à « introduire dans l'administration des villayets d'Erzeroum, Sivas,

« Van, etc., le ministre des affaires étrangères a l'honneur d'en
« transmettre une copie à Son Excellence M. l'ambassadeur de .....
« avec le texte du décret y relatif. » Quelques jours auparavant les
journaux turcs avaient inséré le communiqué officieux dont on remar-
quera le style en se rappelant que c'était le plein moment des massacres : « S. M. le Sultan, dont le désir constant a toujours été
« d'accomplir les réformes compatibles avec les circonstances du
« moment, et destinées à assurer le bien être de ses sujets, a décidé,
« afin de donner une nouvelle preuve de ses sentiments paternels
« à l'égard de tous ses sujets, que des réformes seraient intro-
« duites dans toutes les provinces de l'empire et, avant tout dans
« les provinces de l'Anatolie. Ces réformes satisferont aux désirs
« des populations et aux exigences de la situation et seront toutes
« comprises dans les limites des lois et règlements existants, basés
« sur le Hatti Houmayoun de Gulhaneh. »

Le rajeunissement périodique du firman des Roses fait songer à
une fleur orientale qu'on appelle la rose de Jéricho. Quand les puissances sous la pression de l'opinion publique, élèvent la voix, on
trempe le document miraculeux dans l'eau de la diplomatie, on en
en vante l'incomparable coloris, on s'extasie devant la bonne volonté
qui le ranime et, quand les puissances s'éloignent, la fleur est
remisée dans le magasin des accessoires, et s'y dessèche jusqu'à la
nouvelle exhibition. Le tour est ainsi joué.

Les hommes d'État ne sont pas dupes de cette malice trop souvent
renouvelée. Ils savent très bien que le Sultan n'exécutera pas les
réformes, sous quelque forme solennelle qu'il les annonce. Il ne les
exécutera pas, parce qu'il ne veut pas les exécuter. Il faut le contraindre à vouloir, et c'est précisément là qu'ils se séparent : ils ne
veulent pas le contraindre à vouloir.

Ce n'est pas à dire qu'il faille négliger le programme en lui-même.
Déclarer que les chrétiens seront admis aux fonctions publiques, que
les villayets seront administrés par des fonctionnaires des différents
cultes, partager entre eux cette administration dans un équilibre
d'ailleurs très difficile à obtenir, établir des garanties judiciaires au
profit des justiciables, organiser une gendarmerie mixte, modifier
le système de perception des impôts, ramener la surveillance à des
commissions locales ou centrales dans lesquelles l'élément européen

aurait sa place, mettre même la nomination et la destitution des gouverneurs et des hauts commissaires sous le contrôle des puissances, tout cela est parfait au moins sur le papier. Il faudrait voir tous ces rouages en marche et non en croquis.

Or il semble bien qu'en 1895 comme auparavant les auteurs des plans ont trop cédé à la tentation de centraliser et d'uniformiser. On voudrait faire entrer l'empire turc dans un moule fait pour un état européen et l'on oublie la bigarrure des religions, des mœurs, des races, des institutions locales. Pour être efficaces, les programmes de réformes doivent s'adapter à la physionomie particulière de chaque province. Ce qui est bon pour la Syrie serait détestable pour l'Arménie; l'Arménie ne peut être pliée au même régime que la Palestine. C'est un travail compliqué, je l'accorde, mais aussi longtemps qu'on ne conformera pas la nouvelle organisation aux circonstances locales, on risque de n'aboutir à rien.

Le soin principal devra d'autre part être donné à l'administration de la justice; on pourra s'inspirer utilement de ce que les Anglais ont établi ou perfectionné en Égypte : laisser les questions de statut personnel aux tribunaux religieux de chaque communauté; pour les questions de propriété ou de droit criminel, créer des juridictions mixtes dans lesquelles l'élément européen sera introduit avec la garantie de l'inamovibilité, établir sur le même patron des commissions contrôlant la perception des impôts. Enfin, pour donner de l'air à toute cette bâtisse administrative et préparer l'apprentissage gradué des institutions libres, on devra favoriser l'essor et augmenter l'influence des embryons de conseils provinciaux ou communaux qui subsistent comme des ruines de vieux usages sous une forme plus ou moins patriarcale.

Il ne m'appartient pas d'insister sur les détails, mais, je le répète, les programmes les mieux appropriés aux besoins locaux échoueront encore si on ne les impose pas, si on n'établit pas des moyens de contrainte. C'est ce que signalait lord Salisbury dans une circulaire du 20 octobre 1896, adressée à divers gouvernements, et il demandait de se mettre d'accord non seulement sur les réformes, mais encore sur ces moyens coercitifs.

Voilà le nouvel écueil où le concert européen serait venu se briser si la guerre n'avait pas ajourné toutes les questions.

Cependant, avec quelque bonne volonté et sans longues pérégrinations, on trouverait ces voies d'exécution, sans rien inventer de bien nouveau.

Il faudrait d'abord briser l'influence néfaste de l'entourage du Sultan. Or la fidélité de ces courtisans avides vient uniquement de la fécondité des coupes réglées qu'ils ont taillées dans les revenus personnels du maître et dans la distribution vénale des emplois publics. Tarir le profit, c'est mettre en fuite les parasistes. Pour rogner la liste civile et donner à ses immenses ressources, en partie inconnues, une utile direction, il suffirait du concours de la Haute-Banque cosmopolite qui a su mener à bonne fin la tâche bien autrement difficile d'assurer le service de la Dette ottomane. Pour appliquer petit à petit une meilleure attribution des fonctions, il faudrait que toutes les nominations dépendissent dans chaque ordre des ministres et que les ministres, comme les hauts fonctionnaires, fussent soumis à l'agrément et au contrôle des Puissances. Je sais bien que c'est une grave atteinte portée à la souveraineté d'un chef d'état absolu, mais est-elle moins grave que celle proposée de subordonner à cet agrément et à ce contrôle la nomination des valis et des hauts commissaires, avec des comités de surveillance? Je ne me fais pas non plus d'illusions sur les tiraillements de ce *consortium* européen, mais il vaudra mieux que la perpétuelle agitation dans le vide, sans compter que, pour constituer une administration solide, le principal est d'établir une tradition et que, la machine une fois mise en branle, la force acquise permet d'économiser peu à peu les facteurs primitifs. Il ne manque pas, même en Turquie, d'hommes éclairés et probes que la suspicion tient éloignés et qui, se sentant réunis et soutenus, finiraient par former, comme dans tous les pays, une caste puissante se perpétuant dans les fonctions publiques, par la solidarité de l'honnêteté professionnelle et des services rendus.

Il y a aussi les moyens de contrainte plus directs et plus expéditifs que les Puissances ont expérimentés contre les Grecs, le blocus pacifique et l'occupation militaire. S'ils étaient légitimes à l'égard d'un petit Etat, il serait monstrueux qu'ils ne le fussent pas à l'égard d'un plus puissant et que les Musulmans pussent échapper aux sanctions brutales qu'à cause d'eux les chrétiens ont subies. Les eaux turques ne sont pas plus inviolables que les eaux crétoises ; sur les côtes si étendues de la Turquie d'Europe et d'Asie on trouvera quand on voudra pour les troupes internationales des points stratégiques où leur contact réciproque, d'abord redouté, sera plus aisément évité. Soyez convaincus que quand le Sultan comprendra que l'Europe n'est plus décidée à se laisser leurrer par des promesses fallacieuses, et qu'il sentira ses revenus compromis par les embarras du commerce, il montrera une docilité et une souplesse que les notes les plus pressantes et les memoranda les plus solennels ne susciteront jamais.

Comme conclusion de cette étude, on s'attend peut-être à trouver une appréciation d'ensemble sur la direction et la marche de la diplomatie française. C'est affaire de polémique et je n'y ai aucun goût. Où trouver d'ailleurs le fil conducteur ? La publicité tardive et incomplète du Livre Jaune n'a rien ajouté à la clarté nébuleuse fournie par les documents d'origine étrangère Elle permet seulement de rendre hommage au dévouement de nos consuls et à l'énergie clairvoyante de notre ambassadeur. Elle laisse supposer que la France est sortie du rôle négatif qu'elle a joué à Berlin en 1878, du rôle de dupe qu'elle a rempli plus tard, et que, n'étant plus considérée comme une quantité négligeable, sa voix est comptée avec un coefficent inconnu. Elle fait constater enfin, à la décharge du gouvernement actuel que la situation était engagée avant lui et que l'instabilité parlementaire ne profite guère aux qualités d'une bonne politique extérieure.

Faut-il chercher une plus abondante lumière dans les déclarations ministérielles ? Elles se ressemblent toutes par le soin extrême que l'on a pris d'éluder savamment toutes les questions. M. Hanotaux historien est venu au secours de M. Hanotaux ministre. On ne vit pas dans l'intimité de Richelieu pour en tirer seulement des titres académiques. Si les leçons d'implacable énergie qu'on y trouve ne sont plus à notre taille, il est des procédés et une méthode d'une imitation plus facile. Le nouvel académicien les a finement esquissés dans l'analyse qu'il a faite des *Instructions et Maximes* du grand Cardinal et je livre aux amateurs de comparaisons ce passage : « Le silence évite le tort que des paroles inconsidérées feraient à « autrui et à soi-même. Il est dur, dira-t-on, de vivre dans une telle « contrainte avec ses amis. Mais il faut toujours penser au plus

« grand mal qui peut advenir. Cette dissimulation par le silence a
« même l'avantage d'épargner l'autre, bien plus périlleuse, celle qui
« se fait par la parole et qui conduit l'esprit entre deux écueils, le
« blâme de la menterie et le péril de la vérité. — Si pourtant on est
« acculé et qu'on ne puisse pas se taire ? Alors le jeune évêque
« n'ose aller jusqu'au bout de sa pensée et conseiller le mensonge ;
« il s'en tire par une jolie métaphore, empruntée au langage des
« camps : il faut en ces occurences, dit-il, faire des réponses sem-
« blables aux retraites qui, sans fuir, sans désordre et sans com-
« battre, sauvent les hommes et les bagages ». C'est ainsi que la
stratégie de Richelieu a contribué en 1897 à sauver les ministres et
les portefeuilles.

Cependant je ne puis, en terminant ce travail, me défendre d'un
profond sentiment de tristesse. Les faits qui le dominent et le résu-
ment possèdent, en effet, une navrante éloquence. La diminution de
la Grèce, c'est un recul de la civilisation ; l'impunité des massacres
des Arméniens, c'est le triomphe de la barbarie ; les félicitations
officielles de l'empereur d'Allemagne au Sultan assassin, c'est presque l'apothéose de la tyrannie. Et je me rappelle la lettre fameuse
du Maréchal de Moltke répondant à la dédicace d'un livre sur les
lois de la guerre par la négation dédaigneuse du Droit International.

Arras : Imp. SUEUR-CHARRUEY, rue des Balances, 10.

Arras. Imp. Sueur-Charruey, rue des Balances, 10.

www.ingramcontent.com/pod-product-compliance
Lightning Source LLC
LaVergne TN
LVHW022038080426
835513LV00009B/1130